JN108008

歴史の闇に埋もれた陰謀

江戸時代 謎の事件の真相

三浦 竜

天夢人
Temjin

目次

はじめに

江戸時代を語るとき「天下泰平」（天下太平）という言葉がよく使われ、現代人のなかには「江戸時代は平和でのんびりとした時代だった」と思う人もいる。しかし、現実の江戸時代は現代やその他の時代同様、時の政府や世間を震撼させるような事件が何度も勃発した。そのなかには幕府転覆の危機といわれた事件もあった。しかし、歴代の将軍や幕閣らはそれらの難事件を解決し、幕府を存続させてきたのだ。そう述べると、将軍や幕閣の有能さだけが浮き彫りにされそうだが、実際は事件の背後には多くの人間が暗躍し、その歴史は権力闘争史だったといっても過言ではない。また、幕府だけでなく諸藩の歴史も同様だった。

これらの事件の多くは闇の事件であるがゆえに、いまだすっきりしない不可解なことが多々ある。本書はこうした江戸時代に起きた不可解な事件の謎解きを通して、徳川幕府はなぜ存続できたのか、江戸時代とは何だったのかを改めて見直すための一書であり、本書によって読者諸兄に新たな気づきが生まれれば望外の幸せである。

三浦 竜

第1章

幕府創業期の謎の事件

慶長十（一六〇五）年――家康将軍譲渡事件

将軍職を秀忠に譲った家康の真意

六十二歳で念願の将軍に就任した家康

慶長八（一六〇三）年二月十二日、徳川家康《とくがわいえやす》は征夷大将軍に任じられ、江戸に幕府を開いた。以来、慶応三（一八六七）年に第十五代将軍・徳川慶喜《とくがわよしのぶ》が朝廷に政権を移譲する（大政奉還）まで「江戸三百年」（正確には二六五年）の長い江戸時代が続く。

天文十一（一五四二）年十二月二十六日、三河国岡崎城（愛知県岡崎市）で生まれた家康（幼名・竹千代。のちに松平元康《まつだいらもとやす》から徳川家康に改名）は『東照宮御遺訓《とうしょうぐうごゆいくん》』という教訓を遺したが、そこに「人の一生は重荷を負《お》い て遠き道をゆくがごとし、いそぐべからず」という遺訓がある。三河国（愛知県東半部）の若き領主・家康は幾多の苦難を乗り越え、六十二歳にして天下人となった。まさに、そこまでの道のりは遠く長かった。

ところが、将軍就任から二年後の慶長十（一六〇五）年二月十九日、家康は将軍職を子の秀忠《ひでただ》に譲ってしまった。家康にとって将軍となり天下人となることは若き日からの念願ではなかったのか。それなのに、なぜ家康は将軍職を譲ったのだろうか。本書ではこの後、江戸時代に起きた多くの事件の謎解きを試みるが、その最初に家康の将軍譲渡の謎に迫ってみたい。

この謎を解くために、まず、そもそもなぜ家康は将軍になったのか考えてみよう。将軍就任の理由として伝えられているのは、天下人としての正統性（権威）を得るためという説だ。家康は関ヶ原の戦いで勝利したものの、大坂には豊臣秀吉《とよとみひでよし》の遺児・秀頼《ひでより》（十一歳）が後継者としてのこされていた。家康の地位はあくまでも豊臣政権の大老であり、諸大名の一人にすぎなかった。

そのことは家康もわかっていて、関ヶ原の戦いから二年後の七（一六〇二）年二月、家康は江戸から上洛し、翌月、大坂へ向かい秀頼に年賀の挨拶を行った。翌年の正月、伏見城（京都府京都市）の家康のもとに諸大名が年賀を述べに集まってくると、家康は先に秀頼に年賀の礼を行うよう命じている。そして、将軍宣下《せんげ》の四日前の二月八日も大坂に向かい秀頼に年賀を述べたように、家康は終始、秀頼に対して臣下の礼をとっていた。

その家康が諸大名の上に立ち、号令をかけて全国を支配するには何らかの正統性が必要だったのだ。そのためには将軍ではなく関白になるという方途もあった。秀吉は関白となって天下人の正統性を得ている。しかし、家康は秀吉と同じ道を選択しなかった。その理由は家康が鎌倉幕府を開いた源頼朝《みなもとのよりとも》を崇敬していたからである。

頼朝もまた家康同様、艱難《かんなん》の日々を経て将軍となり、その境遇は家康に通じるものがあった。家康は将軍になるために不可欠な源氏姓に早くからこだわっていたが、自分が就任する際、吉良氏（源氏）の系図を譲り受けて徳川氏（得川氏）を新田氏（源氏）の後裔であるかのように工作している。

豊臣政権の復活を恐れた家康の深謀

系図を工作してまで実現した念願の将軍就任にもかかわらず、なぜ二年後に将軍職を秀忠に譲ったのか。確かなことは、家康が秀忠の政治力を高く評価し自分に代わって幕政を運営できると判断したわけではない、ということである。

その証拠に、家康は駿府《すんぷ》（静岡県静岡市）へ移った後も大御所《おおごしょ》として実権をにぎり続け、幕府は江戸の将軍政治と駿府の大御所政治という二元政治によって運営されるようになった。江戸の将軍・秀忠はあくまでも中央政権の法的な主権者にすぎず、幕府の実質的な最高権力者は大御所・家康であり、駿府こそが全国統治のための拠点だったのである。

では、家康が将軍職を譲渡した本当の理由は何だったのか。それは開幕後の二重公儀体制にあった。つまり、全国の諸大名は武家の棟梁である家康に臣従したが、その一方で西国大名（外様大名）を中心に多くの大名が豊臣家にも臣従していたのだ。関ヶ原の戦い後、家康は西軍の諸大名を処分したが、豊臣家に対しては摂津・河内・和泉（以上大阪府・兵庫県など）六五万石に削封したものの存続を許した。その結果、幕府が開かれた後も、豊臣家やこれに臣従する西国大名らは家康の将軍職は秀頼が成長する間の一時的なものと解し、いずれ政権は豊臣家に戻されると考えていた。また、豊臣家に臣従する諸大名の多くは、家康には臣従したものの、子の秀忠には主従関係を認めていなかったのだ。

家康は恐れた。このままでは自分の死後、豊臣家に忠誠を誓う西国大名らが結集して、政権が徳川家から再び豊臣家へ戻ってしまう。家康にはそれが脅威だった。豊臣政権の復活、その芽を摘むために家康は将軍職の秀忠への譲渡を決断した。この家康から秀忠への突然の将軍職譲渡は朝廷や諸大名をはじめ江戸庶民らを驚かせたが、これによって将軍の地位は家康の後も徳川家が世襲することを天下に公言することになったのである。

そのために家康は、秀忠の将軍宣下の儀式を盛大に演出した。慶長十年二月、京へと向かった秀忠の行列には東国の錚々たる大名や旗本が付き従い、その軍勢は一〇万余（一六万余とも）にもなり、沿道の見物人や京の庶民らは「頼朝の京入の例」に従ったものだと噂したという。

慶長十七(一六一二)年 ― 岡本大八事件

長崎を舞台にした贈収賄事件の深い闇

金品を詐取された晴信も死を命じられる

慶長十年、家康は将軍職を子の秀忠に譲った後、大御所となった。大御所とは本来、隠居した親王や公卿の居所や将軍の父の居所のことを意味したが、のちに転じてそれらの人の尊称となった。前述したように、家康は隠居どころか、新たな居城とした駿府城に本多《ほんだ》正純《まさずみ》、大久保長安《おおくぼながやす》、南光坊天海《なんこうぼうてんかい》、金地院崇伝《こんちいんすうでん》、林羅山《はやしらざん》らを側近として詰めさせ、いわゆる「大御所政治」を行った。

家康の将軍譲渡によって豊臣政権復活の芽は摘んだが、それによって豊臣家と徳川将軍家の関係はますます悪化し、十九(一六一四)年の大坂の陣へと過熱していく。

この大坂の陣の二年前、十七(一六一二)年三月に長崎を舞台に勃発した疑獄事件が「岡《おか》本大八《もとだいはち》事件」である。事件の概要は、家康の側近・本多正純の与力《よりき》(補佐職)である岡本大八が、肥前国《ひぜんのくに》日野江《ひのえ》（長崎県南島原市）城主・有馬晴信《ありまはるのぶ》から金品を詐取したというもの。

事件の結末を先に述べると、事件の加害者である大八は三月二十一日、駿府の安倍河原で火刑（火あぶり）に処された。また、晴信も改易となり甲斐国（山梨県）に流され、ついで切腹を命じられた。ここまでの記述だけだと、晴信は大八に騙された被害者なのになぜ処罰されねばならなかったのか、疑問に思われるかもしれない。実は、この事件は贈収賄事件でもあった。つまり、晴信が詐取された金品は大八への賄賂であり、晴信の行為は贈賄だったのである。

事件の経緯を見直してみよう。事件が発覚する四年前の十三（一六〇八）年、晴信は幕府の許可を得て朱印船を台湾及び占城《チャンパ》（現在のベトナム中部）に派遣した。その帰途に寄港したマカオで翌十四（一六〇九）年、上陸した日本人乗組員とポルトガル船の船員（市民とも）との間で喧嘩があり、マカオの総司令官アンドレ・ペッソアが兵を出して鎮圧した。その結果、多くの日本人乗組員が殺害され、また、朱印船の船荷も没収されたという。

同年五月末、ペッソアを船長としたポルトガルの貿易船ノッサ・セニョーラ・ダ・グラッサ号（マードレ・デ・デウス号とも。以下、グラッサ号）が長崎に入港した。朱印船の日本人乗組員が殺されたことを知った晴信は、ペッソアやポルトガル船員に報復するため駿府に赴き、家康にマカオの事件について報告した。すると、家康は怒ってポルトガル船の捕獲とペッソアの捕縛を晴信に命じた。

十二月、晴信は軍船と一二〇〇人の兵士を従え長崎に向かい、ペッソアを召喚しようとした。すると、身の危険を察したペッソアは出帆の準備を始めた。そこで晴信の軍勢はグラッサ号を包囲、攻撃した。攻撃は四日間にわたり、ついに船の帆に火が上がった。ペッソアは観念し、火薬庫に火を点じさせるとグラッサ号は爆音とともに沈んでいった。

長崎奉行暗殺未遂計画が明るみになる

岡本大八事件はここから始まる。使命を果たした晴信はその後、〝朗報〟を待っていた。グラッサ号焼き打ちに対する幕府からの恩賞である。そこへ現れたのが大八だった。実は、大八は長崎奉行・長谷川《はせがわ》藤広《ふじひろ》の元家臣で、グラッサ号焼き打ちの際には監視役として駿府から長崎に派遣されていたのだ。

大八は晴信に接近し、時の実力者・本多正純経由で家康から恩賞を賜われるよう斡旋すると持ちかけた。これに応じた晴信が望んだ恩賞は、かつて有馬氏が龍造寺氏に奪われた肥前の旧領三郡の回復であり、晴信の悲願だった。その後、大八は偽造した家康の朱印状（恩賞を保証する内容）を渡して晴信を喜ばせ、何度も接待を受け金品を懐にした。そして、さらに斡旋の運動資金として六〇〇〇両もの大金を受け取ったのである。

しかし、いつまでたっても晴信に朗報は届かなかった。十七年春、待ちきれなくなった晴信は正純に書を送り、恩賞のことを問い質した。驚いたのは正純で、大八を呼びつけ詰問し、さらに証拠の文書などを示すと、大八は悪事を白状した。

これで一件落着であれば、大八は収賄と朱印状偽造の罪、晴信は旧領回復の弄策《ろうさく》（贈賄）の罪で終わっていたところだが、この事件はまだ終わらない。大八が獄中のなかから、晴信の長崎奉行暗殺計画を訴えたのだ。三月、幕府は代官・大久保長安の役宅に晴信と大八を召して対決させた。すると、晴信は申し開きができず、より重い暗殺未遂の罪にも処せられたのである。

以上が岡本大八事件のあらすじだが、この事件には謎が多々ある。まず、晴信はなぜ朱印船を派遣したのだろうか。晴信は島津・松浦・細川氏などと並ぶ朱印船貿易に熱心な九州大名の一人だった。朱印船の派遣回数は島津・松浦氏と並ぶほど多かったが、十三年の朱印船の派遣にはある密命が課されていた。

その密命とは、ずばり家康の命令だ。家康はかねてから香木の伽羅《きゃら》の収集に熱心で、家康が貿易を奨励したのは伽羅の入手が動機だったといわれているほどである。そのために家康は晴信に銀六〇貫目を投資し、占城での伽羅の買い付けを命じていた。つまり、このときの朱印船の派遣は家康の欲求を満足させるという重要な〝任務〟があったのだ。

長崎奉行・藤広の陰謀に利用された有馬晴信

謎はまだ続く。晴信の朱印船はマカオで事件にまきこまれたというが、その真相もまた謎である。伝えられる文献史料によってはポルトガル船員の暴徒によって船が襲われ、日本人乗組員が多数殺されたという。しかしまた、上陸した日本人乗組員が刀や銃を手に隊を組んで市中を練り歩き、ポルトガルの官憲と武力衝突したともいわれている。

いずれが真実なのか明らかでないが、気になるのは長崎に入港したグラッサ号の船長ペッソアの行動だ。ペッソアは長崎に入港すると、長崎奉行の藤広にマカオの事件の調書を提出し、駿府に赴き家康に事件の真相を陳述すると申し出た。ペッソアが陳述を申し出た理由は、自分たちの殺害行為を正当化するためだったのか、あるいはまた、真相を話せばいずれに非があったかわかってもらえるという自信があったのだろうか。

駿府行きを申し出たペッソアに対して、藤広はいい顔をしなかった。その理由は、「マカオで日本人が殺されたことを内府（家康）が知れば、内府のポルトガル人に対する感情は悪くなり、それはポルトガル人の利益にならない」からだという。ペッソアの駿府行きは取りやめとなり、代わりにペッソアの書記マテオ・レイタンが代理人として駿府に向かった。しかし、藤広の意向を受け、事件の真相は伝えられなかった。

この当時、藤広とポルトガル商人は対立していた。その原因は藤広にあった。藤広の妹のお夏は家康の側室で、藤広は家康の腹心として貿易全般にわたる強い権限を与えられていた。藤広はそれをよいことに、ポルトガル船が積んできた生糸をはじめ貿易品を先に安く買い取る（先買権の行使）などして従来の取引慣行を破った。ポルトガル商人は自由貿易の保証を求め、ペッソアが駿府行きを申し出たのもマカオの一件以外に取引慣行の改善を請願する目的があった。

レイタンが駿府に向かった後も、藤広は積荷を差し押さえ、許可なく荷揚げすることを禁じたためポルトガル商人の不満は高まり、ペッソアは再び駿府に行こうとした。しかし、イエズス会の介入によってペッソアの駿府行きはまたしても阻止されたが、藤広とペッソアの関係は修復不可能なほど悪化した。

そして、藤広が出した決断が、ペッソアの〝排除〟である。しかし、狡猾な藤広は自分が直接手を出すことはしなかった。藤広の巧妙な陰謀、それに利用されたのが他でもない有馬晴信なのだ。前述したように、晴信はペッソアはじめポルトガル船員への報復を誓っていたが、そこへ長崎奉行の藤広から、「マカオの事件の真相を内府に訴え、ペッソアの捕縛を願い出てはどうか」という教唆があった。前述した晴信の駿府行きは、この藤広の誘いによって行われたのである。

キリシタンの取締り強化策の「見せしめ」に

岡本大八事件で晴信は、藤広を暗殺しようとした嫌疑で死を命じられた。なぜ晴信は藤広を殺害しようとしたのだろうか。大八の訴えによると、グラッサ号の焼き討ちの後、晴信は藤広から「攻撃がてぬるい」と非難されたことに腹を立て暗殺を企てたという。はたして非難されたくらいで暗殺まで考えるものだろうか。

実は当時、藤広は晴信とも対立していた。その原因は前述の伽羅だ。藤広もまた家康から伽羅の入手を命じられており、二人は伽羅の入手を争っていた。また、晴信と藤広はともに貿易を行い、その面でも競争相手であり、二人の関係は悪化していたのである。

岡本大八事件の謎として最後にもう一つひっかかるのが、家康のキリスト教対策との関係だ。家康はそれまでキリスト教の布教には反対だったが、貿易の利益を優先して大目に見ていた。晴信も大八もキリシタンで、洗礼名をそれぞれプロタジオ、パウロという。家康は晴信がイエズス会と通じて貿易を行うことも許していた。しかし、その一方で、藤広には外国貿易の管理のほかにキリシタンの取締りを強化するよう命じていたのだ。

ところが、事件の取調べの過程で、家康の側近のなかにもキリシタンが何人もいることがわかり、さすがに家康もこれ以上キリシタンが国内に蔓延するのを恐れ、大八を火刑にした当日にキリシタン禁令を出したという。以後、キリシタンの取締りはより強化されることになるが、晴信と大八はそのための「見せしめ」になったようにも見える。

しかし、見方を変えて、家康がキリシタン禁止令を出すための口実として、キリシタンによる悪事を必要としたと考えると、事件はまた違った様相を帯びてくる。また、当時の欧州各国との貿易は、カトリックのポルトガルやスペインが貿易と布教を分離できなかったのに対し、プロテスタントのイギリスやオランダは貿易と布教の分離が可能だった。しかも、当時はイギリスやオランダの勢いが拡大しており、家康はポルトガルとの貿易を途絶しても日本が困ることはないと安心できる環境にあったのだ。

かねてから快く思っていなかったキリシタンを排除する機が熟した――家康はそう決断したのではないだろうか。その家康の意向をくんで、晴信に声をかけたのが藤広である。大八は藤広と正純の二人に仕えており、大八もまた大きな陰謀の渦の中にまきこまれた犠牲者なのかもしれない。詐取したという六〇〇〇両の行方も気になるところだ。

ちなみに、大八の父・岡本《おかもと》平左衛門《へいざえもん》は家康の正室・築山殿《つきやまどの》が自害を拒んだ際、斬首した人物で、世間は大八の火刑が怨霊の祟りによるものだと噂した。また、キリシタンの晴信は切腹（自殺）を拒み、家臣によって斬首されたという。

慶長十八（一六一三）年 ── 大久保長安事件

死後に不正を摘発された謎の汚職事件

猿楽師から年寄にまで出世した異例の役人

岡本大八事件が起きた翌年、大坂の陣の前夜ともいうべき慶長十八（一六一三）年に幕府要人の不正が発覚した。この事件の主人公は、岡本大八事件の取調べ過程で大八と有馬晴信を役宅に召し、裁定を下した大久保長安である。

長安は戦国時代の天文十四（一五四四）年に甲斐国の猿楽師・大蔵大夫《おおくらだゆう》の次男として生まれた。父子は武田信玄《たけだしんげん》のお抱え猿楽師となったが、やがて長安は武士に取り立てられ、家老の土屋氏の姓を与えられた。長安は信玄の下で年貢の徴収や鉱山の開発などに従事したが、武田家滅亡後は徳川家康に仕えた。

長安は家康の家臣・大久保忠隣《おおくぼただちか》の与力となり、姓を土屋から大久保と改めた。家康が甲斐国を領地とすると、長安は新田の開発や金山の発掘に才能を発揮した。家康の関東移封後、関東代官頭として直轄領の支配を任せられ、その後、武蔵国八王子（東京都八王子市）に八〇〇〇石の所領を与えられた。

関ヶ原の戦い後、大和代官・石見銀山検分役・佐渡金山接収役・甲斐奉行・石見奉行・美濃代官などに任じられ、長安は幕府の金銀鉱山のほとんどを支配することになった。家康の将軍就任後も家康の信頼は厚く、従五位下《じゅごいのげ》石見守に叙任されたのをはじめ佐渡奉行・勘定頭（のちの勘定奉行）となり、年寄（のちの老中）に列せられ、人々から「天下の総代官」と称されるようになった。

猿楽師から大出世した長安だったが、慶長十八年四月二十五日、中風を悪化させて死去した。遺族や家臣は遺骸を故郷の甲斐に運び、幕府の大物の死にふさわしい葬儀を営もうとした。ところが、突然、幕府から葬儀の中止を命じられたのだ。理由は生前の長安に不正蓄財（金銀隠匿）の疑惑が生じたというものだった。厳しい取調べが始まり、遺族や家臣は長安の死を悼むどころではなくなった。

取調べといっても、肝心の容疑者は亡くなっており、不利な証言や証拠を提示されても反論することはできない。案の定、長安は有罪となり、所領も一〇〇万両ともいわれる莫大な遺産も没収され、七人の男子は全員切腹。家臣は諸大名に召し預けとなった。

処罰は遺族や家臣にとどまらなかった。五月二日、長安と親しかった堺奉行・米津親勝《よねきづちかかつ》は家臣に不法行為があったとして阿波国（徳島県）の蜂須賀家に預けられた（翌年二月、切腹を命じられた）。十月十九日、長安の長男の舅・信濃国松本（長野県松本市）藩主・石川康長《いしかわやすなが》は領地を隠匿していた罪で改易のうえ、豊後国佐伯（大分県佐伯市）に流された。他にも長安と関係のあった多くの者が連座している。

厳罰の原因は幕府転覆の謀反の疑いか？

大久保長安事件で多くの者が処罰された原因として、実は長安の嫌疑は不正蓄財だけではなかったという説がある。そのもう一つの嫌疑とは、幕府転覆という謀反の疑いだ。慶長十六（一六一一）年、オランダの軍艦が喜望峰（南アフリカ共和国のケープタウンにある岬）付近でポルトガル船を拿捕《だほ》したところ、船内に日本在住の船長からポルトガル国王宛ての手紙があった。その内容は、九州のキリシタンがポルトガル人と協力し、家康を殺害して幕府を倒すので兵士や船を送ってほしい、というものだった。そして、その首謀者として長安の名があったというのだ。この頃、オランダやイギリスは自国に対する幕府の信用を高めるため、軍艦でポルトガル船を捕らえ、船内に宣教師がいると幕府に引き渡すことがよく行われていた。上記の話はその一つと思える。

長安の謀反の疑いを伝える話は他にもある。大久保家の居間の床下から箱が掘り出され、蓋を開けてみると、日本にキリシタンを広め、外国の軍隊を導き入れ、家康の六男・松平《まつだいら》忠輝《ただてる》を日本の国王とし、自分は関白になるという計画書が入っていたという。長安は忠輝の付家老《つけがろう》に任じられたことがあり、もっともらしい話になっている。

そもそも長安は家康の信頼を得て大出世したわけで、家康に恩こそあれ恨みなどなかったように思える。しかし、それは全国の鉱山から金銀が大いに採掘されていた間の話だという指摘もある。長安の晩年には採掘量も減少し、家康の長安に対する態度も冷淡になり、いくつも兼任していた代官職も罷免されていった。老齢の身であれば役職を失うのは当然という見方もできるが、長安本人はどう感じていただろうか。

幕府の狙いは長安の背後に立つ大物にあった

一方、家康の長安に対する想いはどういうものだったのだろうか。家康は長安の算勘（計算）の能力や鉱山開発の才能を認め、長安を寵愛したことは事実である。しかし、その一方で、長安の人間性に対しては首肯できないところがあったという。

長安は家康の寵愛を受け、その地位が上昇するにつれて派手な振る舞いが目立つようになり、支配地に赴くときは美女二〇人・猿楽師三〇人を随行させるのが常だった。また、愛妾が何十人もいて鉱山開発で得た莫大な財宝を分け与える約束をしていたともいう。こうした長安の豪奢な生活を、質素倹約を信条とした家康が快く思うはずはなかっただろう。
しかし、天下人の家康が自分とは違う派手好みの人間というだけで、死後の長安に目くじらを立てて、その遺族をはじめ親交のあった者たちを徹底的に処罰しようとするものだろうか。また、幕府転覆説はさておき、長安が西国大名に近づくことを嫌ったという説もあるが、処罰の動機になったかは詳らかでない。

そこで気になるのが、長安が亡くなる直前の十八年四月二十一日、伊勢国津（三重県津市）藩主・藤堂高虎《とうどうたかとら》に宛てた覚書である。長安の遺書ともいわれているこの覚書には、石見・佐渡・伊豆の金山や甲斐・関東などの支配地の勘定を清算したことや、木曽の山林の材木を私用に使っていないことなどが書かれていた。それはまるで、生前の悪事を弁明しているかのようで、長安の不正を裏付ける証拠にも思える。

大久保長安事件の真相は謎に包まれたままだが、いま一度、長安の人脈を見直してみると、幕府の大物の名が浮かび上がるのだ。その人物とは、長安が家康の家臣になった際、長安に大久保姓を与えた大久保忠隣である。

忠隣は永禄六（一五六三）年から家康の近習《きんじゅう》として仕え、幾多の合戦で戦功をあげた。文禄二（一五九三）年、家康の子・秀忠に付けられ家老職に。翌年、相模国小田原（神奈川県小田原市）城主となり、六万五〇〇〇石を領した。さらに、慶長十年、秀忠が二代将軍に就任すると老中となり、幕閣のなかで重きを置く存在となった。

忠隣は譜代門閥の筆頭格で、武功派の代表ともいえる重臣であり、長安の異例の出世も忠隣の存在が大きく影響していた。ところが、長安の不正疑惑が発覚すると、なぜか幕府は忠隣にも疑いの目を向けたのだ。

十四年のことである。伯耆国米子（鳥取県米子市）城主・中村忠一《なかむらただかず》の死後、後嗣がいないため中村家が取り潰しになった。このとき、幕府から鵜殿兵庫助《うどのひょうごのすけ》・久貝正俊《くがいまさとし》・弓気多昌吉《ゆげたまさよし》の三人が城地受け取りのため派遣され、中村家の金銀など遺産の処理を江戸に問い合わせた。すると、長安が石見国（島根県西部）へ下るので長安に渡すよう年寄衆から指示があり、それに従った。

その後、長安の不正疑惑が発覚すると、そのときになって兵庫助ら三人の行為までとがめられ、家を潰された。三人のうち忠隣と親しかった兵庫助は、幕閣の土井利勝《どいとしかつ》のもとに預けられ、激しい拷問に耐え切れず自殺した。このときの拷問は、兵庫助に「忠隣が中村家の遺産を横領した」と白状させるのが目的だったといわれている。つまり、大久保長安事件で幕府はなんとしてでも忠隣を連座させたかったのだ。そのために幕府はあの手この手で外堀を埋めていったのである。こうして大久保長安事件は大久保忠隣事件へと発展していき、長安事件の謎は忠隣事件と密接に関係していることが明らかになる。

慶長十九(一六一四)年――大久保忠隣改易事件

三河時代からの功臣が失脚した謎の事件

謀叛を理由に改易を命じられる

大久保長安事件の翌年、慶長十九(一六一四)年一月、長安の後ろ盾だった大久保忠隣が突然、改易となった。それまでの経緯を簡単に振り返ると、前年の十二月十九日、忠隣は家康から京都でキリシタンを禁圧するよう命じられた。二十六日、忠隣は江戸を発ち、領地の小田原へ帰った。準備を整えた忠隣は、年が明けた正月五日、小田原を発ち、京都には十七日に到着した。その二日後の十九日、忠隣の宿舎に京都所司代・板倉勝重《いたくらかつしげ》がやってきた。忠隣は将棋を指していたが、勝重から配流の幕命を伝えにきたといわれると、「流人の身となれば楽しく将棋を指すこともできないので、いましばらく待ってほしい。指し終えたら、改めて幕命をうけたまわろう」と答えたという。こうして忠隣は勝重から所領没収・近江国(滋賀県)配流《はいる》という処罰を伝えられた。

翌月二日、忠隣は配所の近江国栗太郡中村（滋賀県栗東市）に流された。三月、忠隣は家康の側近の一人で天台宗の僧侶・天海を通じて無実を訴えたが、家康からの反応はなかった。以後、忠隣は近江国彦根（滋賀県彦根市）藩主・井伊直孝《いいなおたか》が申し出た取りなしを断り、のちに幕府から赦免の意向が伝えられたときも辞退している。その理由は、もし自分の無実が明らかになれば、讒言《ざんげん》を信じた主君（家康）の非をあらわすことになる、というものだった。寛永五（一六二八）年、忠隣は配所で七十六年の生涯を閉じた。

忠隣の罪状は謀叛である。慶長十八（一六一三）年十二月六日、家康のもとへ馬場八左衛門《ばばはちざえもん》という八十歳くらいの老人が現れ、忠隣に謀反の意があると訴状を提出したのだ。八左衛門は元武田家の重臣・穴山梅雪《あなやまばいせつ》（信君《のぶきみ》）の家臣だったが、のちに改易となり忠隣のもとに身を預けていた。訴状に目を通した家康はただちに秀忠はじめ重臣・側近らに指示を出し、謀叛に備えた。そのうえで忠隣を領地の小田原から京都へ行かせ、出張先で改易を命じたのである。

犬猿の仲だった大久保忠隣と本多正信

古くからこの事件の背後には、家康の側近である本多正信《ほんだまさのぶ》・正純《まさずみ》父子の暗躍があるといわれてきた。正信は三河時代から家康に仕えた譜代だが、三河で一向一揆が発生すると一撰方に味方し、三河から追放された。その後、忠隣の父・大久保忠世《おおくぼただよ》の取りなしで帰参し「帰り新参」と呼ばれた。

合戦での目立った戦功はないが、政務能力に秀で吏僚として活躍し、家康の信任を得た。家康の関東入国後は関東総奉行となり、以後、家康の側近として手腕を発揮。佐渡守に叙任され、「佐渡」と呼ばれた。

後年、家康と正信の間柄は「水魚の如し」といわれ、家康は正信を朋友のように接し、何事も正信に相談したという。家康が大御所として駿府に移った後は、江戸の将軍・秀忠付けとなり、家康の意向を江戸に伝え、幕政を統御する役割を担った。まさに腹心として家康から絶大な信頼を得ていたが、武将たちの正信評は必ずしもよくなかった。「天下の御意見番」として知られる大久保彦左衛門《おおくぼひこざえもん》（忠教《ただたか》）は子孫に「算盤《そろばん》のうまい、代官みなりの男になってはいけない」と諭したが、その男が正信であることはいうまでもない。徳川四天王の一人・榊原康政《さかきばらやすまさ》も「算盤勘定しか知らぬ腸腐《ちょうぐさ》れ者」と罵り、同じく四天王の一人・本多忠勝《ほんだただかつ》は「佐渡の腰抜け」と呼んでいる。

家康が駿府に移った後、四天王に代わって武功派の代表的存在になったのが忠隣で、吏僚派のトップが正信である。二人はともに江戸で将軍・秀忠を補佐したが、二人の関係は犬猿の仲そのものだった。二人の対立の起因は関ヶ原の戦いだった。この合戦で忠隣と正信は秀忠に従い、真田昌幸《さなだまさゆき》・幸村《ゆきむら》（信繁《のぶしげ》）が守る上田城（長野県上田市）を攻囲した。

正信は攻城戦に反対したが、忠隣の旗本奉行・杉浦惣左衛門《すぎうらそうざえもん》と上野国大胡《こうずけのくにおおご》（群馬県前橋市）藩主・牧野康成《まきのやすなり》の家臣らが勝手に上田城を攻め、東軍（徳川方）に多くの死傷者が出た。正信はこの城攻めを軍令違反として処罰を主張した。すると、忠隣の嫡男・忠常《ただつね》は惣左衛門の処刑を避けるため、ともに逃亡しようとしたが、惣左衛門はそれを拒み自ら命を絶った。他にも多くの旗本が処罰され、忠隣はこの一件以来、正信を憎むようになったという。

大久保長安事件のターゲットは忠隣だった

忠隣の正信に対する感情を悪くさせたという他の話もある。慶長十六（一六一一）年、忠常が死んだ際、忠隣は悲嘆にくれて自邸に引き籠もった。ちょうどその頃、正信の娘も亡くなったが、正信はいつもどおりに政務についた。周囲の者が「悲しくはないのか？」と問うと、正信は「子が死んで悲しむのは私事だ。私事を理由に政務を勤めないのは忠臣ではない」と答えた。これは忠隣を念頭においた正信の皮肉だという者もいた。

上記の正信の発言は、当時の家臣としての心構えを述べたものでまんざら非難できない、と擁護できるかもしれない。これとは別に二人の間に亀裂を入れたのが、家康の後継者問題である。関ヶ原の戦い後、家康は忠隣と正信のほかに平岩親吉《ひらいわちかよし》・本多忠勝・井伊直政《いいなおまさ》らの老臣を召し、世継ぎを誰にすべきか意見を求めた。家康の嫡男・信康《のぶやす》はすでに死去しており、後継者候補として次男・秀康《ひでやす》、三男・秀忠、四男・忠吉《ただよし》の三人の男子がいた。この席で正信は、事実上の長男で武勇・智謀にすぐれていることを理由に秀康を推した。続いて、親吉・忠勝・直政も意見を述べ、最後に忠隣が次のように語り、秀忠を推した。

「乱を治め敵に勝つには武勇を先とすべきですが、天下を治めるには文徳が必要と考えます。中納言殿（秀忠）は謙遜の御志深く御孝心も厚く、文武を兼ね備えており天意人望の帰するところでございましょう」

数日後、家康は再び老臣らを呼び、「忠隣の意見が予の意にかなった」と告げた。こうして秀忠が家康の後継者に決まったが、家康第一の側近を自認していた正信のプライドが傷ついたことは想像に難くない。その後、将軍となった秀忠は自分を推した忠隣を誰よりも信頼し、江戸での忠隣の存在感が増せば増すほど正信の敵意も増大した。こうして正信の忠隣への憎悪が強まるなか、あの岡本大八事件が起きた。岡本大八と有馬晴信を役宅に召し、直接対決させて裁定したのが忠隣の庇護を受けた大久保長安だ。長安の裁定によって本多正純の家臣・大八は処罰され、正信・正純の本多家の威勢にも陰りが生じた。そこで正信・正純父子が巻き返しに出る。

岡本大八事件の翌年、十八年一月、常陸国牛久（茨城県牛久市）藩主・山口重政《やまぐちしげまさ》が幕府の

許可なく長男・重信《しげのぶ》の婚姻を結んだとして所領を没収された。実は重政は婚姻の届出をしていた。それなのに無許可とされたのは、重信の結婚相手が忠隣の養女だったからだ。この養女は美濃国大垣（岐阜県大垣市）藩主・石川康通《いしかわやすみち》の娘だったが、婚姻の届出をした後、康通の子（養女の兄）が将軍の勘気にふれて隠居させられた。そのような者の妹の婚姻であれば改めて許可を得なければいけない、というのが幕府の言い分である。

この一件に続くのが大久保長安事件であり、ここでも本当のターゲットは忠隣だった。しかし、このときも忠隣まで連座させることができず、改めて讒言によって大久保忠隣事件を起こした、というのが正信・正純による陰謀説である。

旗本や御家人から信望が厚かった忠隣の秘密

岡本大八事件・大久保長安事件・大久保忠隣改易事件という一連の事件は大久保忠隣・長安と本多正信・正純の権力闘争の一環であり、最終的に勝利したのは正信・正純父子だった。この権力闘争を家康はどのように見ていたのだろうか。また、忠隣に対する感情はどのようなものだったのだろうか。

肥前国平戸（長崎県平戸市）藩主・松浦鎮信《まつらしげのぶ》が著した『武功雑記』によると、あるとき、正信は忠隣に「近頃、思い当たることはないか」と尋ね、忠隣が「別にない」と答えると、

「それならばよい」とだけいって去っていく。しばらくして、また同じことを尋ね、忠隣が「何か知っているなら教えてくれ」というと、正信は「実は大御所が貴公のことを何かいっていた」と答えた。「何かとはどんなことか」と忠隣が問うても正信が教えないので、忠隣は「それならば、しばらく大御所の御前には出ないほうがよいな」といった。その後、正信は家康に「どうも相模守（忠隣）は御奉公に遠慮の気味があるようです」と報告し、秀忠には「最近の相模守はまるで将軍様同様のふるまいで、大御所様との間柄も昔とは変わってきたように思えます」と訴えたという。

これが史実か否かは定かでないが、当時、正信が忠隣を失脚させようと躍起になっていたことを示唆する話である。それにしても、家康が正信への信頼が厚かったとはいえ、老齢の馬場八左衛門からの訴えにだけ耳を傾け、三河時代からの功臣である忠隣を処罰するだろうか。それとも家康自身にも忠隣の失脚を望む理由があったのだろうか。

そこで、再度、忠隣のプロフィールを見直してみると、忠隣は旗本や御家人など幕臣からの信望が厚かったという。平素から大久保邸の前には訪問客の乗り物や馬がたくさん並び、子の忠常の葬儀には江戸の武士の大半が小田原に弔問に訪れたと伝えられている。その信望の理由の一つは、訪問客には必ず料理を提供し、忠隣自身が一人ひとりに挨拶して回る接客の良さだった。あるとき、伊達政宗が家来三人に幕臣のふりをさせて大久保邸を訪問させると、御馳走をふるまわれて帰ってきたという。

しかし、来客に対するふるまいだけが厚い信望の理由とは思えない。旗本や御家人が大久保邸に日参したのは、経済的援助が目的ではなかったか。何かと物入りのときに頼りになる譜代の老臣。それが忠隣の人気の秘密ではなかっただろうか。そして、その資金源が莫大な資産を築いた長安だとしたら、警戒心の強い家康が忠隣と長安の蓄財を放っておくわけはないだろう。

たしかに、一〇〇万両ともいわれる資金をもって大坂方（豊臣方）や西国大名と組んで謀反を起こせば、将軍権力がまだ確立していない当時の徳川幕府の存続は危うかったにちがいない。一説に長安キリシタン説もあり、長安の卓越した金銀山の採掘能力はキリシタン経由で導入した南蛮技術によるものだったという。だとすれば、前述した、日本にキリシタンを広め、外国の軍隊を導き入れ、家康の六男・松平忠輝を日本の国王とし、長安が関白になるという謀反説もつじつまが合ってくる。

さすがに、この謀反説は荒唐無稽の誹《そし》りを免れないが、国内の大名、とりわけ豊臣恩顧の大名など豊臣系の勢力と忠隣や長安が密約することは当時として十分に考えられたはずだ。つまり、岡本大八事件に始まる三つの事件は正信・正純父子と忠隣・長安の権力闘争を利用した家康の警戒心が生んだ事件だった可能性が高いのである。

天下人の脅威となった茶匠の運命

大坂夏の陣の直後に切腹を命じられた織部

晩年の家康は後顧の憂いを絶つために将軍職を秀忠に譲って豊臣政権復活の芽を摘み、岡本大八事件を契機ににキリシタン禁令を出した。また、武功派の代表である大久保忠隣を失脚させ、武芸よりも政務に通じた吏僚派を重用する方針を鮮明にした。そして、最後のかつ最大の課題が豊臣家の処遇だった。

家康は豊臣家が一大名として徳川幕府に臣従するなら滅ぼす気はなかったという。ところが、秀頼の母・淀殿《よどどの》や秀頼の直臣《じきしん》などの強硬な態度によって大坂の陣が勃発。結果、夏の陣で大坂城は落ち、豊臣家は滅亡した。

この大坂の陣にからむ謎の事件が古田織部《ふるたおりべ》切腹事件である。古田織部(重然《しげなり》)は織豊期の大名・茶人で、はじめ信長に仕え、のちに秀吉に従って数多の合戦で奮戦した。天正十三

（一五八五）年、従五位下《じゅごいのげ》織部正《おりべのかみ》（織部助《おりべのすけ》とも）に叙任され、ついで山城国西岡（京都府京都市ほか）三万五〇〇〇石を与えられ、その後、家督を子の重広《しげひろ》に譲ったとされる。関ヶ原の戦いでは東軍に味方し、大坂の陣でも徳川方に属した。そして、夏の陣の後、豊臣方に内通したとして切腹を命じられ、伏見の自邸（異説あり）で自害した。

事件の経緯を振り返ってみよう。慶長十九年に勃発した冬の陣は十二月に和議が成立し、停戦となった。しかし、翌年四月、夏の陣が始まる。四月四日、家康は駿府を出発し京都に向かい、十八日、二条城に入った。また、秀忠はじめ徳川方の諸将も続々と京都に集結していた。

その頃合いを狙ったといわれるのが京市中放火計画だ。首謀者は織部の家臣・木村宗喜《きむらむねよし》。宗喜は大坂方の密命を受けて京に入り、家康と秀忠が京都を発ち大坂に向かった後で二条城を放火。それを合図に大坂城から軍勢が繰り出し、徳川方を挟撃するという計画である。しかし、計画は事前に発覚し、家康も秀忠もことなきを得たという。

その後、夏の陣が開戦するが、その間に京都所司代・板倉勝重《いたくらかつしげ》は、宗喜以下計画に加わった者を探索・捕縛した。五月七日、大坂城が落ち、翌日、秀頼と淀殿が自害して豊臣家は滅ぶ。六月十一日、家康は大坂方への内通の罪で、織部と子の重広に切腹を命じた。古田家は家財を没収され改易となり、宗喜は閏六月二十九日、死刑に処せられた。

内通の嫌疑に弁明しなかった織部の真意

以上が古田織部事件の経緯だが、この事件もまた謎が多い。まず、宗喜による京市中放火計画が本当にあったのか、すっきりしない点がある。計画の発覚は、大坂方の武士である御宿越前《みしゅくえちぜん》が計画に感づいて京都所司代に訴え出たことによるという。計画の首謀者が徳川方の織部の家臣で、計画を訴え出たのが大坂方の武士という、なんとも不可解な構図だ。宗喜も越前も敵方に内通していたということだろうか。しかし、越前はその後も大坂方として戦い、夏の陣で戦死している。

一歩譲って、宗喜による計画があったとしても、織部の関与は明らかになっていない。一説に、大坂方は薩摩の島津氏を経由して織部に使者を送っていたという。また、江戸中期の幕臣で歴史考証学者の木村高敦《きむらたかあつ》の著『続武家閑談』によると、織部は冬の陣の頃から大坂方に内通し、徳川方の軍議の内容を矢文によって大坂城内に伝えていた。また、夏の陣の際には大坂方から宗喜に矢文《やぶみ》によって京市中放火が指示されたともいう。しかも、これらの情報を家康はいち早く耳に入れていたがすぐには動かず、大坂落城後に織部に切腹を命じている。その理由もまた謎である。

織部は切腹を命じられると「こうなった以上、申し開きは見苦しい」といって弁明することはなかった。この織部の態度に多くの者が潔いと称賛したが、この言葉からは「家臣の罪は主君の罪でもある」という主君としての責任感を感じ取ることができる。しかし、「内通が露見した以上、もう悪あがきはしない」という開き直りのようなものも伝わってくる。はたして織部は本当に大坂方と内通していたのだろうか。

そこで仮に織部が大坂方と内通していたとするならば、その動機は何であろうか。一説に、大坂城内には織部の子・九八郎《くはちろう》が秀頼の小姓として仕えており、九八郎に頼まれて矢文を送ったという。また、九八郎の命を救うために大坂方と内通したともいうが、これまで幾多の合戦で生死をかけて戦ってきた武将の動機とは思いにくいのである。

利休と秀吉の関係に似た家康と織部

この事件の謎を解くには、武将・織部とは別の茶人・織部の経歴を見直す必要があるだろう。織部は早くから茶聖・千利休《せんのりきゅう》（宗易《そうえき》）に茶の湯を学び、「利休七哲」の一人に数えられた高弟である。利休没後は秀吉の御伽衆《おとぎしゅう》となり、「茶の湯名人」と称された。秀吉の死後、家督を重広に譲り、茶の湯三昧の生活に入った。家康の時代には、天下の宗匠として将軍・秀忠に茶の湯を指南した。また、歪みのある沓形《くつかた》茶碗や文様と緑釉に特徴がある織部焼を後世に伝えたことでも知られている。

織部の茶人としての地位の高さにも驚かされるが、さらに注目したいのがその人脈、ネットワークの広さだ。織部の弟子には伊達政宗・佐竹義宣《さたけよしのぶ》・南部利直《なんぶとしなお》・毛利秀元《もうりひでもと》・浅野幸《あさのよし》長《なが》・島津義弘《しまづよしひろ》・大野治長《おおのはるなが》・小堀遠州《こぼりえんしゅう》など多くの大名が名を連ねている。また、家康・秀忠をはじめ榊原康政・大久保忠隣・本多正信・本多正純・土井利勝ら徳川家の重臣らにも茶の湯を指南した。特筆すべきはその人脈が豊臣系だけでなく徳川系にも及んでいることだ。つまり、織部は関ヶ原の戦いにも大坂の陣にも徳川方に属して戦ったが、敵として戦った豊臣系の大名・武将とも茶の湯を通じて交流があったのである。

そんな織部に対する家康の感情はどのようなものだったか。その広い人脈は脅威だったのではないだろうか。織部の古田家だけなら軍事的脅威はない。しかし、織部の周囲には多くの大名がおり、かつ幕閣・幕臣のなかにも織部を崇敬している者がいた。忠隣を失脚させたように、後顧の憂いを絶つためには「危険因子」をすべて排除しなければならない。家康がそう考えたとしてもおかしくないだろう。

家康に織部排除を決断させる出来事があった。それは大坂の陣の原因になった方広寺鐘銘事件にからむものだ。このとき家康は鐘銘に盛り込まれた「国家安康」の文字が家康に対する呪詛・調伏《ちょうぶく》にあたるとして大坂方を問い詰めた。すると、この銘文を撰述した東福寺（京都市）の僧侶・清韓《せいかん》は駿府に赴き、「国家安康」が祝意によるものだと弁明したが、蟄居・謹慎を命じられ京都に戻った。その清韓を織部が茶の湯でもてなしたのだ。

これを知った家康は激怒したという。織部にすれば蟄居の身であろうが誰であろうが、茶の湯のもてなしに差別はない、という考えだったにちがいない。しかし、その自由な発想は家康には通じなかった。家康は織部排除を決断したが、大坂の陣の前に処罰すれば徳川方に味方するつもりだった豊臣系大名のなかに離反者が出るかもしれなかった。また、幕閣・幕臣にも影響が出る可能性もあった。だからこそ、家康は織部の矢文の話を耳に入れてもすぐには動かず、豊臣家の滅亡を待って織部に切腹を命じたのである。

この織部と家康の関係は、織部の師である利休と秀吉の関係に似たものがある。利休は秀吉に仕えながらも、茶の湯の世界では決して秀吉に従うことはなかった。それどころか、利休に師事した諸大名が利休を崇敬し、その権威は秀吉に迫るものがあった。天下人秀吉にはそんな利休が脅威であり、かつ自分に従わず己の世界に生きる利休の存在が許せなかった。処罰の理由とした大徳寺山門木像事件などはとってつけたような疑惑であり、その点でも織部の疑惑と似ていた。家康もまた天下人である自分を恐れず、清韓をもてなした織部の豪胆さと超然とした生き方が許せなかったにちがいない。切腹を命じられた織部は、利休と秀吉の関係を思い、自分もまた利休のような最期を迎えることを予期していたかもしれない。織部は一言も弁明することなく、粛然として腹を切り、果てた。

将軍・秀忠に追放された異母弟

大坂夏の陣に遅参して家康を怒らせる

古田織部が切腹した翌年、家康が息を引き取った。家康の死がもう一年早ければ、織部は死ななくても済んだかもしれない。しかし、家康亡き後も幕府の大名統制は強化され、諸大名にとって気の抜けない時代だった。

そんななか、家康の死から三か月後の元和二（一六一六）年七月、越後国高田（新潟県上越市）藩主・松平忠輝が所領を没収され、伊勢国朝熊《あさま》（三重県伊勢市）に流された。

忠輝（幼名、辰千代《たつちよ》）は家康の六男で、秀忠の異母弟にあたる。出産したときの辰千代は色が黒く、目じりがさかさまに裂け、恐ろしげであった。そのため、辰千代と初めて対面した家康は、捨てるよう命じたという。しかし、下野国皆川（栃木県栃木市）城主・皆川広照《みながわひろてる》が辰千代を受け取り養育した。のちに、同母弟（家康の七男）の松千代《まつちよ》が死去したため、長沢松平氏の家督を継ぎ、武蔵国深谷（埼玉県深谷市）一万石を与えられた。

　その後、下総国佐倉（千葉県佐倉市）五万石を経て、十二歳で信濃国川中島（長野県長野市）藩主となった。この頃、大久保長安が忠輝の付家老になっている。しかし、忠輝は気性が荒く、慶長十四年頃から粗暴なふるまいが目立つようになった。そして、当時の付家老・広照や家老・山田重辰《やまだしげたつ》らは忠輝の不行跡を幕府に訴え出た。その一件は、忠輝が能役者の花井三九郎《はないさんくろう》を寵愛し重用したことが原因で、三九郎と広照以下の家臣らの間に起きた争いだった。すると家康は、三九郎側を勝訴とし、重辰に切腹を命じた。また、広照は付家老として不適格であるという理由で失脚させられている。翌年、忠輝は高田藩七五万石の太守となった。

　大坂冬の陣では家康から江戸留守居役を命じられたが、夏の陣には出陣した。しかし、戦場に遅参したため家康の機嫌を損ね、のちに家康の本陣に謝罪しに行ったが、家康はほとんど口をきこうとしなかったという。その後、さらに家康を怒らせることが発覚した。越後からの出陣の途次、近江国守山（滋賀県守山市）で軍勢の行列の前を三人の騎馬武者が走り抜けようとした。忠輝の家臣がこれをとがめると斬り合いとなり、結果、三人の騎馬武者を斬り殺した。ところが、この三人が秀忠の旗本だったことから事は大きくなった。

　忠輝にしてみれば将軍の弟である自分の行列の前を遮《さえぎ》るとは何事か、という思いであったろうが、秀忠にすれば将軍の弟であれ一大名にすぎない者が将軍の旗本を斬り殺すことは断じて許すことはできない、という思いだったのだろう。この一件を耳にした家康は事態を重くみて、元和元（一六一五）年九月、忠輝に上野国藤岡（群馬県藤岡市）での蟄居を命じた。その翌年、忠輝は改易処分となったのだ。

若くして表舞台から追放された忠輝

この事件もまた謎の事件である。一番の謎は改易の理由だ。出産時の逸話から家康が忠輝を嫌っていたからという見方もあるが、その後、忠輝は順調に転封を重ね、石高も加増された。前述したように、付家老の広照や家老の重辰に訴えられたときも、その訴えを退け、翌年、忠輝を加増のうえ、高田に移封しているのだ。

また、大坂夏の陣の遅参を理由とする見方もあるが、遅参は関ヶ原の戦いの際に秀忠も経験している。このとき秀忠も家康に叱責されたというが、のちには赦されている。つまり、遅参が改易の理由とは考えられないのである。それに、秀忠の遅参が家康の指示（徳川正規軍の温存）であったとしたら、忠輝の場合も遅参は家康の指示である可能性があるのだ。実際、忠輝の軍勢は徳川方の五番手として戦場に到着し、道明寺の合戦では伊達政宗とともに豊臣方と戦っている。忠輝が遅参して参戦できなかったというのは誤りである。

以上から家康が改易を主導したとは考えにくい。残るは将軍・秀忠だ。そこで忠輝と異母兄・秀忠の関係を見直してみよう。忠輝は秀忠の一三歳年下で、慶長十（一六〇五）年、秀忠が将軍に就任したときは十四歳だった。しかし、忠輝が改易になる一年前の元和元年には二十四歳になっていた。

当時、家康の男子は長男・信康、次男・秀康、四男・忠吉、五男・信吉《のぶよし》、七男・松千代、八男・仙千代《せんちよ》がすべて死没しており、存命だったのは三男・秀忠と六男・忠輝のほか九男・義直《よしなお》（十六歳）、十男・頼宣《よりのぶ》（十四歳）、十一男・頼房《よりふさ》（十三歳）だった。義直・頼宣・頼房はまだ幼く、秀忠にとって将軍の地位を脅かす存在は忠輝一人だった。

そんな忠輝に家康は政宗の娘・五郎八姫《いろはひめ》との縁組を結んだ。家康にすれば徳川政権の安定のために打った手の一つだったが、秀忠には脅威だった。そして、大坂冬の陣の際、家康が忠輝に江戸留守居役を命じたことも秀忠の不安を増長させた。家康が忠輝を参戦させなかったのは、家康と秀忠の身に万が一のことがあったとき徳川政権を忠輝に託すという家康の深謀遠慮だったからである。それを知った秀忠にとって忠輝は兄弟というよりも自分の政敵になっていたのだ。

ここで思い出されるのが、大久保長安事件の際、長安にかけられた謀反の疑いだ。前述したように、伝えられる話では大久保家の居間の床下から掘り出された箱のなかに長安の謀反の証拠になる計画書が出てきた。その計画によると、長安は忠輝を日本の国王にして自らは関白になるつもりだったという。長安はかつて忠輝の付家老に任じられていたこともあり、さもありなんと思わせる話だ。この話が秀忠の耳にも入っていたとすれば、秀忠の忠輝への脅威はなお一層大きくなっていたはずだ。

忠輝の出陣の際、軍勢の行列の前を走り抜いた秀忠の旗本三人にはどんな使命があったのだろうか。秀忠の指示で小競り合いを生じさせれば、それだけでも家康の怒りを買う。それがねらいだったが、斬り合いにまで発展してしまった。あるいは、それも秀忠の想定の範囲内だったのか。

のちの家康が危篤になった際も家康の怒りは解けず、駿府に駆け付けた忠輝は対面させてもらえなかった。その後も臨終に立ち会うことができず、葬儀への参列も許されなかったという。しかし、家康が危篤状態であるならば、実際にその場を仕切ったのは秀忠にちがいない。葬儀に忠輝を参列させなかったのも秀忠の裁量だったのだろう。

そして、家康の死後まもなく、秀忠は忠輝に改易を命じた。忠輝はその後、配所先の朝熊から飛騨国高山（岐阜県高山市）を経て信濃国諏訪（長野県諏訪市）に移り、ついに表舞台に復活することなく九十二歳で世を去った。こうして秀忠は将軍の地位を脅かす若き政敵を追放し、最大の不安を取り除いたのである。

元和五(一六一九)年 ―― 福島正則改易事件

将軍家に警戒されていた猛将の改易

幕閣の実力者の言葉を信じた福島正則

松平忠輝改易事件の三年後の元和五(一六一九)年四月、今度は安芸国広島(広島県広島市)藩主・福島正則《ふくしままさのり》が広島城(広島県広島市)の無断修築の罪でとがめられ、六月、改易を命じられた。正則は出家して高斎《こうさい》と号し、かつて忠輝が支配した信濃国川中島に四万五〇〇〇石の領地を与えられ、信濃国高井野村(長野県上高井郡高山村)に蟄居した。しかし、五年後の寛永元(一六二四)年七月十三日、当地で病没した。六十四年の生涯だった。

この正則の改易もまた、家康亡き後、秀忠が断行した大名改易策の一つである。正則は加藤清正《かとうきよまさ》とともに幼いときから秀吉に仕え、数々の合戦で戦功を上げた猛将として知られる。豊臣家に対する忠誠心は強かったが、石田三成《いしだみつなり》と対立し、関ヶ原の戦いでは家康が率いる東軍に味方した。戦後の論功行賞で、正則は芸備両国(安芸国と備後国。ともに広島県)

と備中国（岡山県西部）の一部四九万八〇〇〇石を与えられ、大大名となった。

その関ヶ原の戦いで大功のあった正則の改易を知り、諸大名、とりわけ豊臣系の大名は秀忠政権の強権発動に首をすくめたにちがいない。正則も関ヶ原後、徳川方から豊臣系大名としてあらぬ嫌疑を受けぬよう十分注意してきたという。それにもかかわらず、正則はなぜ改易の憂き目にあってしまったのか。実は、この事件にはある幕閣がかかわっていた。

事件の経緯を振り返ってみよう。事件のあった二年前、元和三（一六一七）年の夏、安芸国（広島県西部）は大雨に襲われ、その後、広島城下は大洪水にも見舞われた。堤防や橋梁が決壊し広島城の石垣や櫓《やぐら》なども損壊した。江戸にいた正則は国元から被害情報を受けると、幕閣の本多正純の屋敷を訪れ、城の破損状況を説明して修復を申し出た。正純は「その程度ならよいでしょう」と答え、さらに「折を見て、将軍に許可を得ておきましょう」と言った。正則は実力者・正純の〝お墨付き〟をもらったと思い、翌年、国元に帰ると、損壊した石垣の修復をはじめとする大規模な工事を行った。

ところが、正則の修復の届け出は秀忠には届いていなかった。五年、正則が江戸に出府すると自邸に幕府の糾問使《きゅうもんし》・堀田正利《ほったまさとし》が訪れ、無断修築をとがめた。正則が正純に届け出たと弁解すると、正利は「口頭で届け出た後、正式に図面を添えた書状にて届け出るのがきまりです」と答えた。

権勢に陰りが見えた正純の仕掛けた罠か

正則は正純を恨んだが、このときは秀忠に謝罪し、秀忠も「広島城の本丸以外はすべて破却するように」と命じた。これで正則は改易を免れたかに思えた。ところが、その後、正則は本丸の新たな普請部分を取り除いただけで、二の丸・三の丸を破却しなかった。これを知った秀忠は怒り、六月二日、正則は改易を命じられたのである。正則が秀忠の命に従わなかったのは、工事の人手が足らなかったからだというが、腑に落ちない話だ。

正則はなぜ秀忠の命に従い、すみやかに二の丸・三の丸も破却しなかったのだろうか。幕命に背けば今度こそ改易になるのはわかっていたはずだ。その謎を解く前に、正純はなぜ正則の届け出を秀忠に伝えず、また、届け出の正式の手続きを教えず、正則に武家諸法度違反を犯させたのか、この謎に迫ってみよう。

一説に、この事件は正純のしかけた罠だったという。正純は家康生存中には駿府で側近筆頭として絶大な権力を振るった。江戸の将軍・秀忠やその側近をも下に見るような権勢だったが、同時に正純に対する反感も高まった。家康の死後、正純は江戸に戻り、秀忠の側近集団の一人となった。しかし、秀忠の新しい政治体制（側近政治）のなかでは正純は古いタイプの側近であり、側近集団のなかで孤立していたという。実力者としての威光に陰りが見え始めた正純は、地位の向上を求めて巻き返しに出た。その方策が秀忠の大名改易策での功名だった。そんな正純のターゲットにされたのが正則だったというのである。

正則も糾問使から無断修築をとがめられたとき、自分が正純の罠にはめられたと思ったかもしれない。しかし、その後、正則は正純の背後にあるもっと大きな権力が自分を潰そうとしていることに気づいたのだ。その大きな権力とは、他でもない将軍・秀忠である。

正則の改易は秀忠の既定路線だった

正則にも多い当たるふしがあった。関ヶ原の戦いで大きな戦功のあった正則は当然、大坂の陣でも出陣するものと思っていた。ところが、家康から命じられたのは、江戸留守居（将軍不在時の江戸を守る役）だった。家康は豊臣恩顧の中心人物である正則を警戒していたのだ。その警戒心は関ヶ原の戦い以前からだった。家康は正則や池田輝政《いけだてるまさ》を先鋒として送り出した後、正則らが西軍に寝返ることを警戒して、すぐに江戸城を発つことをしなかった。

関ヶ原後も、家康は正則への警戒心を解いていない。慶長十三年、豊臣秀頼が疱瘡を患い、生死をさまよったとき、正則は広島から駆けつけて看病にあたった。また、十六年、二条城での家康と秀頼との対面の際には、秀頼に万が一のことがあった場合に備えて、正則は大坂城で精兵（何千とも一万とも）を率い待機していた。

また、大坂の陣の際、正則と弟の正頼《まさより》が貯蔵しておいた大量の米を大坂城へ運びこんだとも、それを黙認したともいう噂があった。あるいはまた、大坂方から派遣された使者から援軍を求められると、「内府（家康）は野戦は得意だが城攻めは不得手だ。大坂城は天下一の要害だから、これをしっかりと守れば落ちることはない」と伝えたともいう。これらの話も家康や秀忠の耳に入っていたにちがいない。

家康の死後、秀忠もまた正則への警戒心を緩めなかった。それどころか、関ヶ原の戦いの戦功によって高い知行を与えられている古い大名、とくに豊臣系大名は邪魔な存在でしかなかった。つまり、正則の武勇は泰平の世にあっては賞味期限が切れたのも同然で、秀忠にとって正則は「過去の人」になっていた。

正則もまた事件後まもなく、そのことに気づいたのだろう。正則が正純に城の修理を届け出る以前から、秀忠にとって正則の改易は既定路線だったのだ。事実、事件の当初から秀忠は改易を求めていた。しかし、幕府年寄衆の意見によって秀忠は改易を求めず宥免《ゆうめん》（罪を大目に見て許すこと）となったが、そのとき正純は正則を改易すれば諸大名が幕府に疑念を抱くといって秀忠に改易しないよう求めたという。

元和五年六月二日、江戸の福島邸に幕府の正使・牧野忠成《まきのただなり》と副使・花房正成《はなぶさまさなり》が幕命を伝えに訪れた。このとき幕府は万が一に備えて福島邸を旗本や鉄砲足軽ら数千人によって取り囲んだ。猛将として知られる正則であり、抵抗するおそれがあると幕府は思ったのだ。し
かし、それは杞憂に終わった。忠成と正成の両使が領地召し上げの上意を伝えると、正則は両手をつき「仰せの趣き、かしこまりたてまつる」と神妙に答えた。そして、「大御所がこの世にいらっしゃれば一言申し上げたいところだが、当代の将軍に対しては何もいいたくない」といったという。
福島家の改易処分が広島城に伝わると国元では籠城する動きもあった。しかし、正則は幕命に従うよう江戸から指示を出している。また、家臣に「弓は敵のあるときは重宝だが、泰平の世には土蔵にしまわれてしまう。わしは弓で、乱世にあってこそ役に立つ。今は泰平の世だから、川中島の土蔵に入れられてしまうのだ」と語ったという。正則は自分の時代が終わったことを知り、表舞台から静かに退場することを選んだのである。
改易の翌年、嫡子・忠勝《ただかつ》が二十二歳の若さで死去した。その四年後、正則は忠勝のあとを追った。法を犯した者の死は検死を行うのがきまりで、幕府は堀田正吉《ほったまさよし》を検使として川中島へ派遣した。ところが、正則の家臣・津田四郎兵衛《つだしろうべえ》は検使の到着を待たずに主人の遺骸を火葬し、検使に詰問されると「暑さのため」と答えたという。検死を待たず火葬したのは「死に顔を見せるな」という正則の遺言だったともいわれている。

元和五（一六一九）年――およつ御寮人事件

朝廷と幕府の対立で犠牲になった女官

秀忠の娘の入内を前に天皇の皇子が誕生する

福島正則が居城の無断修築を理由に改易を申し渡された元和五年六月二日、秀忠は京都にいた。前月の八日に江戸を発ち、二十八日に伏見城に入っていた。秀忠は当地で正則に改易を命じたが、それ以外にも片づけなければいけない問題があった。それは五女・和子《まさこ》（「かずこ」とも）の入内《じゅだい》（皇后や女御などが天皇のきさきになるために初めて内裏《だいり》に入ること）の準備だった。和子の相手は第一〇八代後水尾《ごみずのお》天皇。父の第一〇七代後陽成《ごようぜい》天皇の第三皇子（政仁《ことひと》親王）で、慶長十六年に譲位され、十六歳で即位した。

和子の入内が正式に決まったのは十九年三月であり、このとき天皇は十九歳、和子は八歳だった。この天皇家と徳川将軍家の婚姻は家康が願っていたもので、天皇の外戚になることが狙いである。元和元年、幕府は「武家諸法度」についで「禁中并公家中諸法度」を公布し朝廷に圧力をかけたが、この婚姻によっても朝廷に関与しようとしたのだ。

ところが、大坂夏の陣が勃発し、その翌年には家康が死去。そして、三（一六一七）年には後陽成上皇が崩御した。その結果、入内は延期となったが、翌年になって再び話が進み出し、五（一六一九）年に入内することが決まった。これでようやく入内の話は落ち着くかに思えたが、この年、天皇に第一皇子（賀茂宮《かものみや》）が誕生したのだ。即位から七年、二十三歳になっていた天皇は「およつ（御与津）御寮人《ごりょうにん》」と称した女官を寵愛し、二人の間に男児をもうけたのである。

幕府にとっては青天の霹靂の出産だった。およつは公家の四辻公遠《よつじきんとお》の娘で、「四辻」の字からおよつと呼ばれた。「御寮人」は女性の敬称である。歴代天皇のなかには大勢の側室や皇子女を持った天皇もいて、二十三歳になった天皇に側室・皇子女がいても非難されることではなかった。しかし、あまりにタイミングが悪かった。これから女御（実質的な正室）を迎える矢先の出産で、入内に水差すものになったのだ。

天皇の唯一の抵抗手段、譲位を表明する

後水尾天皇はもともと和子の入内には気が進まなかった。十一歳も年下の見も知らない娘で、しかも何かと朝廷に干渉し圧力をかけてくる徳川将軍家の娘との婚姻には乗り気で

はなかった。まして、およつを見初めた天皇にとって、入内はおよつとの離別を覚悟しなければならない。したがって、入内を前におよつに出産させたのは、強引に入内の話を進める幕府に対する不満を示した行為だったのかもしれない。

そんな朝廷と幕府の間に緊張した空気が流れるなか、上洛中の秀忠は六月二日、福島正則に改易を命じた。その十八日後、およつがまた出産した。今度は皇女(梅宮《うめのみや》)だった。秀忠は激怒し、入内を延期することにした。

すると天皇は、「これはきっと自分の行跡が将軍秀忠公の心に添わないからだと推量している。そうであるならば、入内が遅れることは公家武家双方の面目が立たないものとなる。自分には弟もたくさんいるので、誰でも即位させて、自分は落髪でもして逼塞《ひっそく》すればことは収まるであろう」と幕府に譲位の意向を伝えたのである。

当時、天皇が幕府に対して唯一抵抗できる手段が譲位だった。天皇がいうように確かに不行跡による入内の延期は公家(朝廷)だけでなく入内を取り決めた武家(幕府)の面目も失わせることになる。しかし、天皇に譲位されては和子の入内もなくなり、天皇の外戚になろうとした将軍家のもくろみも崩れる。天皇の譲位表明は幕府にとってきついカウンターパンチだった。また、天皇にしてみれば、およつとの離別を避けるための最後の手段でもあった。

ところが、後水尾天皇から難問を突き付けられた秀忠はひるまなかった。なんとしても入内の実現・天皇の外戚を実現しようとする秀忠は、天皇の不行跡の原因が側近らにあるとして、万里小路充房《までのこうじあつふさ》を丹波国篠山（兵庫県丹波篠山市）へ、四辻季継《よつじすえつぐ》と藪《やぶ》（高倉《たかくら》）嗣良《つぐよし》を豊後国（大分県）へ流したほか計六人の公家を処罰した。

確かに当時の公家の風紀は乱れていた。宮中に女歌舞伎や遊女を呼び入れ、昼間から酒宴を開くことは日常茶飯事だった。伝えられる話では、酒宴の翌朝は二日酔いでふらふらになりながらも昼頃から迎え酒と称してまた酒宴を開いたという。当時の右大臣・近衛信尋《このえのぶひろ》も八条宮智仁《はちじょうのみやともひと》親王にご馳走になり昼間から夜遅くまで大酒を飲んだことを津藩主・藤堂高虎に手紙で伝えている。

慶長十八年に幕府が「公家衆法度」を発布したのも、こうした風紀の乱れを取り締まるのが目的であり、充房や季継の処罰も法度違反が理由だとされる。しかし、その手法はあまりに強引なものだった。

秀忠の背後にいた大きな影響力を与えた人物

ここまでの経緯の記述が長くなったが、この公家衆の処罰が「およつ御寮人事件」といわれた事件の経緯である。事件はまだ終わらない。秀忠が天皇の側近六人を処罰したことで、今度は天皇が激怒した。「このたび公家衆が法度を申し付けられたのは、もとはといえば自分の不徳のいたすところで、将軍も見限ったことであろう。公家には古くから伝わる学芸の道があり、それらの者が罰せられては古き道も絶え、禁中の伝統も廃れることになる。このうえは是非とも兄弟に位を譲るのが良いであろう」と再び天皇は譲位を口にした。なにしろ、天皇にとって幕府に抵抗する手段はこれしかなかったのだ。

　再び朝幕間に緊張が走ったが、朝廷側の右大臣・信尋と幕府側の使者・高虎の懸命な努力によって天皇は譲位を思いとどまり、翌年の元和六（一六二〇）年六月十八日、ようやく和子の入内が行われたのである。

　この事件の謎は、和子の入内が家康以来の将軍家の願いだったにもかかわらず、天皇の女官およつが皇女を出産すると入内を延期したことだ。およつはあくまでも側室の地位であり、タイミングが悪かったとはいえ、女御となる和子の入内の絶対的な障害になることではない。天皇とおよつの関係を天皇の若さゆえと大目に見さえすればすんだことである。それよりも入内の延期で天皇が譲位すれば外戚になる道は閉ざされ、秀忠にとって失うものが大きかったはずである。

　秀忠が入内延期を決断した背景には、実は家康亡き後も秀忠に対して大きな影響力を与え続けた人物の存在があったのだ。その人物とは秀忠の御台所（正室）・お江《ごう》（お江与《えよ》・達子《みちこ》・

崇源院《すうげんいん》）である。お江は嫉妬心が強く、秀忠が側室を持つことを許さなかった。秀忠の子を宿した側室のお静の方はお江の怒りを恐れて大奥を出たが、その後、お江によって何度も殺されそうになったという。そんなお江にとって、娘の夫になる天皇に側室との間に二人の子がいることは許せなかったにちがいない。

恐妻家の秀忠はお江の怒りを無視するわけにはいかず、とりあえず入内延期を表明し、矛先を公家衆に向けてほとぼりが冷めるのを待とうとしたのではないだろうか。ところが、天皇がかたくなに譲位の意向を固めたため、秀忠は高虎を通じて懸命に天皇を説得した。結果、天皇は譲位を思いとどまったが、実はその裏で秀忠は巨額の支度金を用意することを天皇に伝えたといわれている。後述するように、天皇は結局、のちに譲位するが、その譲位を決意したのもお江の関与が一因だったという説がある。その説によると、天皇は和子を迎えた後も女官との間に何人もの子をもうけたが、出産後すぐに押し殺されたり流産させられたりしたため、それを不憫に思ったからだという。

いずれにしても、およつは天皇から遠ざけられ、やがて落飾して明鏡院《めいきょういん》と号した。皇子の賀茂宮は五歳で夭逝したが、幕府によって闇に葬られたとも伝えられている。側室の子とはいえ男子は天皇の後継者の一人になる恐れがあった。皇女の梅宮は成人して尼になり、晩年は奈良に円照寺を開き文智女王《ぶんちじょおう》と称せられた。

元和八（一六二二）年——宇都宮釣天井事件

幕閣の実力者が改易された謎の事件

コンプレックスを抱えた秀忠の大名改易策

秀忠の大名改易に象徴される大名統制策の強化は、二代目将軍の〝コンプレックス〟の裏返しだという説がある。よく「徳川三代」といわれるが、偉大な初代家康と「生まれながらの将軍」として早くから期待された三代家光《いえみつ》の間にあって、秀忠は「影の薄い将軍」として評価が低かった。低評価の原因は関ヶ原の戦いである。関ヶ原での決戦を前に秀忠は大軍を率いて西軍方の真田昌幸の居城・上田城を攻囲した。しかし、陥落できずに時間だけを浪費し、関ヶ原の決戦に遅参して家康を怒らせた。

関ヶ原後、全国に配置された諸大名は誰もがこのことを知り、秀忠が将軍に就任した後も「自分を戦下手な弱い将軍として見ている」と秀忠はコンプレックスを抱いた。そして、このコンプレックスをはね返すために、強権を発動し諸大名に自分の強さを示威したのが福島正則改易事件だったというのだ。

秀忠が正則を改易し、娘・和子の入内をなんとかとりまとめた二年後、また秀忠による改易があった。元和八（一六二二）年十月、「宇都宮釣天井事件」として知られる本多正純の改易である。正純とはいうまでもなく駿府の家康の側近筆頭で、あの福島正則改易事件に関わった幕閣の実力者だ。しかし、前述したように秀忠政権ではかつての威勢はなく孤立していた。過去の実力者に勢いがなくなることはどこの世界にもあることで、そうであれば静かに第一線を退き表舞台から消えていくだけのことだ。それが改易となったのはなぜなのか。それがこの事件の謎である。

釣天井を落として秀忠の暗殺をはかった正純

事件の経緯を見てみよう。福島正則改易事件の後、正純は下野国小山（栃木県小山市）三万三〇〇〇石から同国宇都宮（栃木県宇都宮市）一五万五〇〇〇石に移封となった。一二万二〇〇〇石の加増である。三年後の八年四月、秀忠の日光社参（家康の七回忌）で、正純の居城・宇都宮城が宿泊地となった。そこで正純は、将軍を歓迎するため宿泊用の建物を新築し、秀忠は往路に一泊した。ところが、復路は夫人の病気を理由に宇都宮には寄らず同国壬生（栃木県壬生町）へと向かった。そして、幕臣の井上正就《いのうえまさなり》が宇都宮にやってきて、新築した建物を検査した。

八月、正純は改易になった出羽国山形（山形県山形市）の最上義俊《もがみよしとし》の城の受け取りを命じられた。二か月後の十月一日、山形の正純のもとへ江戸から将軍の使者として伊丹康勝《いたみやすかつ》、高木正次《たかぎまさつぐ》が派遣され、宇都宮城で将軍・秀忠を殺害しようとした罪で所領没収のうえ賄料《まかないりょう》として五万五〇〇〇石を与えるという幕命が申し渡された。すると、正純は「私の御奉公のやり方が上意に沿わないというのは心外である。そうであるならば、五万石も返上し、一〇〇〇石だけ頂戴することにしたい」と答えた。これを康勝と正次が秀忠に報告すると、秀忠は「上を侮辱するのは不届至極」と激怒。正純を出羽国横手（秋田県横手市）に配流し、一〇〇〇石だけを与えた。

以上が改易までの経緯だが、正純による将軍殺害容疑とはどのようなものだったのだろうか。康勝と正次が幕命を申し渡した際、両使は正純に、一一か条の訊問を行った。正純はそれらの嫌疑に対してすべて弁明したが、続いて康勝がさらに鉄砲の関所追加、根来同心《ねごろどうしん》（幕府の鉄砲百人組を構成する一隊・根来組の同心）の殺害、石垣の無断修築という三か条の尋問を行うと、正純は言葉に詰まり弁明できなかった。そして正純は、将軍の寝所の天井を二重にして綱で釣る釣天井にし、秀忠が宿泊した際、釣天井の綱を切って天井を落とし圧殺しようとした、というのが将軍殺害容疑である。将軍殺害の方法が釣天井を落とすというものだったことから、この事件は「宇都宮釣天井事件」と呼ばれた。

大久保忠隣改易事件との共通点

この事件の経緯・概要を知り、これまでに見てきた事件のなかの一つに似ていると思われた読者もいるのではないだろうか。その事件とは大久保忠隣改易事件だ。忠隣は家康に京都のキリシタン禁圧を命じられ小田原を離れた後、京都で改易を申し渡された。正純もまた秀忠に山形の最上氏の城受け取りを命じられ江戸を離れた後、山形で改易を申し渡されている。いずれも出張命令は本人を居城や江戸から離す口実で、軍備をもって抵抗できないようにするのが目的だった。秀忠は家康のやり口を踏襲したのである。

大久保忠隣改易事件が馬場八左衛門の讒言から始まったように、宇都宮釣天井事件も讒言が改易のきっかけだった。秀忠は日光社参の往路、宇都宮に宿泊する前夜、常陸国古河（茨城県古河市）に泊まった。古河藩の藩主は奥平忠昌《おくだいらただまさ》で、元和五年に宇都宮から移ってきた。この忠昌の後に宇都宮に入ったのが正純だが、忠昌は正純を恨んでいた。忠昌は移封にあたって一万石加増されたが、宇都宮は関東の要地であり城の格としては宇都宮城の方が上だった。そして、忠昌以上に正純を恨んでいたのが祖母の加納殿《かのうどの》（加納御前《かのうごぜん》）だった。

加納殿は家康の娘（亀姫）で、秀忠の異母姉にあたる。加納殿の娘は大久保忠常（忠隣の子）に嫁いだ関係で、忠隣の失脚事件以来、加納殿は正純を憎んでいた。その憎き正純に宇都宮城を明け渡すことになったのだから、加納殿の恨みはひとしお大きかった。国替えのときには庭木や庭石は手をつけずにそのままにしておくのが慣例だったが、加納殿はこれらを根こそぎ掘り起こして運んでしまったという。

それでも加納殿の怒りは収まらなかった。秀忠が古河に宿泊した夜、加納殿は正純に不審な挙動があるとして、次のようなことをあげた。①しきりに鉄砲を買い込んでいること、②新築の将軍用宿舎に不審な仕掛けをしていること、③夜に新築工事を行っていること、④工事に関与した根来同心を殺害したこと、などである。

その後、往路に秀忠は宇都宮に泊まった。すると、加納殿のいうとおり、寝所の戸が開かない、食事が終わるまで火を使わせない、家臣らの旅装を解かせない、など不可解なことがあった。そこで秀忠は使者を派遣して正純に一一か条のほか三か条の訊問をした。つまり、秀忠もまた家康同様、讒言をきっかけに正純の失脚をはかったのである。

正純の不審な挙動は将軍の警護策だった

加納殿の讒言の信憑性はどのくらいあったのだろうか。正純は使者の訊問に対してその多くについて弁明したというから、加納殿の誤解、早合点の類である可能性が高い。実際、正純側に立って弁護しようと思えば、しきりに鉄砲を買い込んだのは、石高が一気に一二万二〇〇〇石も加増された正純にとって軍役（軍事的負担）対策だったといえる。大名は石高によってそれ相当の武器や人数を備えておかねばならず、三万三〇〇〇石だった軍役対策ではとても間に合わなかったのだ。

将軍用宿舎の不審な仕掛けの一つ、寝所の戸が開かなかったことも、火を使わせなかったことも、また家臣の旅装を解かせなかったことも将軍の身の安全を重視した戸締りや火の用心、警備のためだった。夜の工事は昼夜兼行の工事で、夜も工事が行われたのだろう。根来同心の殺害は工事を命じられた同心の一人が幕臣としてのプライドから工事に参加することを拒み正純に斬られた話に尾ひれがつき、大勢の根来同心が抹殺されたという話にふくらんだものだった。

釣天井についても、「宇都宮は落雷が多いため、将軍が雷鳴に驚くことがないよう二重にした」と正純が弁明している。釣天井を落として秀忠を暗殺させようとした話も俗説であり、事実、新築した建物を検査した正就は江戸に戻ると、秀忠に「異常は見られなかった」と報告している。しかし、鉄砲の関所追加、根来同心の殺害、石垣の無断修築は事実であり、正純も否認できなかったのだ。

正純の改易が明らかになると、大久保忠隣改易事件で正純に憤懣やるかたなしだった大久保忠教は「因果の報い快なるかな」と快哉を叫んだという。忠隣の事件の際、正純を憎んだのは忠教だけではなかった、秀忠の側近らも忠隣に同情しており、正純の改易は彼らによる正純への復讐のためにでっち上げた陰謀事件だったともいわれている。その中心になったのが忠隣や正信亡き後、権勢を誇った土井利勝と見られている。つまり、この事件もまた幕閣内の権力闘争と考えられるのだ。

駿府（家康）と江戸（秀忠）の二元政治の時代、家康の威を借りて権勢を誇り、江戸の秀忠の側近衆にも高圧的な態度をとった正純に対する側近らの恨みは、確かに根深いものがあった。しかし、彼ら以上に辛酸をなめさせられたのが秀忠だった。家康の将軍継嗣が問題になったとき正純の父・正信は秀忠ではなく秀康を推した。将軍就任後も正信・正純父子は自分を下に見るふしがあった、とコンプレックスを抱えた秀忠はそう思った。

積年の恨みを晴らしたコンプレックス将軍

秀忠は正純改易の後、利勝と酒井忠世《さかいただよ》を有力大名のもとへ送り、処罰の理由を伝えた。その一人、肥後国熊本（熊本県熊本市）藩主・細川忠利《ほそかわただとし》には「日ごろの御奉公が悪かった」ことが原因だと告げられた。その悪かった御奉公の一つは、福島正則改易事件の際、正純が秀忠の正則改易を思いとどまらせたことだった。そのとき正純は正則を改易すれば「大名一〇人ほどが頭を剃り引き籠もってしまうだろう」と諫言したが、秀忠はこれを正純による自分への脅しととらえたという。また、もう一つの悪かった御奉公は、宇都宮に移封された正純がのちに「宇都宮は上州（正純のこと）には似合わない」と直訴したことだった。正純にすれば、秀忠の正則改易を止めたのは豊臣系大名の反乱を危惧したためで、宇都宮が自分に似合わないといったのも自分には過大な領地であり返上したいという謙虚さから出たものだった。しかし、秀忠にはそれらの正純の挙動が、自分を下に見た僭越《せんえつ》なふるまいに思えてしまったのである。

正純はまた、秀忠の第三子・国千代《くにちよ》（のちの忠長《ただなが》）の後見人（お守り役）となったが、当時、国千代を世子（世継ぎ）にしようとしていた。しかし、家督は竹千代（のちの家光）が相続することに決まると、正純は秀忠を殺害し世子を取り替えようとしたという嫌疑もかけられている。正則の改易事件のときには、それが正純の陰謀によるものと思われ、狡猾で陰湿な手段を選ばないやり口は嫌われてもしかたがなかった。したがって、秀忠暗殺も正純ならやりかねないという空気が当時の幕閣内にあったにちがいない。

結局、この事件はコンプレックスを抱えた秀忠が将軍就任以来、ずっと正純に上から見られていると思い込み、加納殿の讒言を利用し利勝ら側近衆の力を借りて、正純に対する積年の恨みを改易という形で晴らしたものだったのである。

寛永六（一六二九）年 ―― 後水尾天皇譲位事件

秀忠との闘争に敗れた天皇の報復

皇子の誕生で朝幕間の軋轢が薄らぐ

本多正純が改易を命じられた（宇都宮釣天井事件）翌年、秀忠は将軍職を子の家光に譲った。娘・和子の入内が無事終了した後、およつ御寮人事件で処罰された公家衆も大半が赦免され、懸案事項だった朝幕間の関係も平穏だった。元和九（一六二三）年には秀忠が上洛し、参内して後水尾天皇に拝謁した。三献《さんこん》の儀《ぎ》の後、秀忠は女御御殿で和子と対面し、その後、天皇も入って三人が一堂に会した。同年八月、秀忠は朝廷に禁裏御料一万石を献上した。十一月には天皇と和子の間に女一宮《にょいちのみや》（女一宮《おんないちのみや》。興子《おきこ》内親王）が生まれ、和子は中宮となった。また、寛永三（一六二四）年には天皇が二条城を行幸し、朝幕間の軋轢は薄らいだ。

ところが、その三年後、天皇は三十四歳の若さで突然、女一宮への譲位を表明した。これが後水尾天皇譲位事件だが、譲位の原因についてはさまざまに伝えられている。しかし、その決定的な原因は何であったのか、この三年間に天皇と幕府の間に何があったのか、その謎に迫ってみよう。

天皇の二条城行幸の二か月後、和子が一宮高仁《いちのみやたかひと》（「すけひと」とも）親王を出産した。将軍家にとって待望の皇子の誕生である。先に女一宮が生まれたことで徳川将軍家の血を引く皇女が誕生したが、天皇の外戚という家康以来の願望を実現するには、やはり皇子の誕生が望まれていた。

その皇子が誕生したことで、秀忠が歓喜したことはいうまでもないが、天皇もまた皇子の誕生を喜んだ。そして、天皇は譲位の時期を幕府に伝えた。その時期とは皇子が四歳になる寛永六（一六二九）年であり、幕府もこれを承諾。幕府は譲位に備えて院御所（仙洞御所《せんとうごしょ》。退位した天皇の御所）の造営に着手した。このとき天皇が譲位の時期を幕府に伝えたのは、譲位について主導権を幕府に渡したくなかったからだという。

過去の紫衣着用の勅許を幕府が無効にする

皇子誕生で朝幕関係はきわめて良好だったが、その関係に亀裂を入れる事件が起こる。寛永四（一六二七）年に勃発した紫衣《しえ》事件だ。紫衣とは朝廷が徳の高い僧尼に与えた法衣《ほうえ》や袈裟《けさ》のことである。この紫衣の着用や上人号《しょうにんごう》を許可する（勅許）権限は朝廷のものだった。とところが、同年七月、大御所・秀忠は禅僧への紫衣勅許と浄土宗寺院での上人号の勅許が法度に違反しているとの理由で、元和元年以降の紫衣着用と上人号の勅許無効を命じたのである。

その法度とは家康が定めた「禁中并公家中諸法度」や「諸宗寺院法度」であり、そのなかで幕府は紫衣着用や上人号がみだりに勅許される傾向を戒めていた。この法度に違反していると主張したのは、秀忠の側近、老中・土井利勝と京都所司代・板倉重宗《いたくらしげむね》（大久保忠隣に改易を伝えた初代京都所司代・板倉勝重の子）といわれている。

元和元年にまでさかのぼる勅許無効は天皇の面目を潰し、この事件が天皇譲位の大きな原因であることはまちがいない。幕府の朝廷への干渉・圧力に天皇が激怒したことは想像に難くない。しかし、はたしてこの事件が天皇の決断を促す決定的な原因だったのだろうか。いずれにしろ、この事件後、朝幕関係は再びこじれていく。

そんななかの寛永五（一六二八）年六月、高仁親王が三歳で夭逝した。そして、翌月、天皇は女一宮に譲位し十月には即位させたい旨を幕府に伝えたのだ。しかし、秀忠は時期尚早として譲位を延期するよう求めた。というのも、実はこの時期、和子は懐妊中で年内にも出産が予定されていたからだ。秀忠にすれば、そこで皇子が生まれる可能性があり、その前の譲位は是が非でも押しとどめなければならなかった。

和子の懐妊は天皇もまた知っていたはずであり、なぜその前に譲位を急ごうとしたのか。これも謎である。考えられるのは、仮に皇子が生まれたとしても、その皇子に譲位する意思がなかったということ。また、是非とも女一宮に譲位したいという強い気持ちがあったのかもしれない。あるいはまた、紫衣事件で面目を潰された天皇が、秀忠や幕府への腹いせとして譲位の意向を表明し、秀忠や幕府を困らせようとしたのだろうか。

譲位の意思を決定的なものにした拝謁

天皇の譲位の意向は秀忠に慰留され、九月二十七日、和子は第二皇子を出産した。秀忠の願いが通じたかに見えたが、その八日後、皇子は夭折した。こうして譲位をめぐって天皇と秀忠との間で微妙な関係が続くなか、翌年五月、天皇は譲位の希望を口にした。その理由として天皇は病気治療をあげた。

実はこの頃、天皇は腫れ物に悩まされ、その治療には灸治《きゅうじ》（灸をすえて行う療治）が必要だった。しかし、天皇は玉体《ぎょくたい》（天子や貴人の体）に傷がつくという理由から、在位中は灸治が許されなかった。実際には行った天皇もいたが、後水尾天皇は灸治のために譲位したいと希望した。これが譲位の真の理由であれば、前述の寛永五年に譲位を急ごうとしたのも早期の病気治療が必要だったから、と考えられなくもないのだ。しかし、この譲位の意向も秀忠は同意しなかった。このときも和子は懐妊中で出産を間近に控えており、秀忠は天皇への返答を遅らせていた。そして八月、和子は出産したが、今度は皇女だった。こうして天皇と秀忠の間で譲位をめぐって駆け引きがなされるなか、あの紫衣事件に大きな進展があった。

幕府による紫衣着用や上人号の勅許無効に最も大きな影響を受けたのが大徳寺と妙心寺（ともに京都市）だったが、このうち妙心寺は幕府に対して法度遵守の請書《うけしょ》を提出した。ついで大徳寺も妙心寺にならう動きを見せたが、大徳寺の僧侶、沢庵宗彭《たくわんそうぼう》・玉室宗珀《ぎょくしつそうはく》らは寛永五年から幕府に抗議を続けていた。そして、翌年閏二月、江戸に下って、なおも幕府に抗議を続けた結果、七月、沢庵ら四人が流罪となったのである。

この幕府による処罰を知った天皇が秀忠や幕府に激怒したことはまちがいない。そして、その天皇の秀忠や幕府に対する憤怒をより一層大きくする出来事があった。和子が皇女を出産した後、秀忠は天皇の容態の確認と譲位をどこまで延期できるかを探るため、家光の乳母・お福《ふく》（のちの春日局《かすがのつぼね》）を京都に派遣した。名目は家光の代参として伊勢神宮を参詣したついでのご機嫌伺いということだったが、無位無官のお福の参内は許されなかった。そこで、公家の三条西実条《さんじょうにしさねえだ》の猶妹《ゆうまい》となることで、十月十日、ようやく天皇の拝謁がかなった。そして、この謁見によってお福は天皇から従三位《じゅさんみ》に叙任され、「春日局」という称号を下賜された。

お福はもとより秀忠や家光・幕府にとっても実りある拝謁だったが、心中穏やかでなかったのが天皇である。今日の感覚では理解しにくいが、当時の社会常識では無位無官の者が拝謁することはありえなかった。それを知りながら前例のない拝謁を強い、さらに叙任までさせた幕府に、天皇のはらわたは煮えくり返ったはずだ。公家衆にとっても前代未聞のことで、公家の一人、土御門泰重《つちみかどやすしげ》はお福の拝謁を聞き、「もったいなきこと、帝道民の塗《と》炭《たん》に落ち候事（帝道は地に落ちた）」と日記に記した。

これまで歴代天皇が守り続けてきた朝廷の権威、帝道を武家政権の圧力に屈して汚してしまった天皇は、もはや天皇であり続ける気力も失ったにちがいない。天皇は当時の心境を「葦原よしげればしげれおのがまま　とても道ある世とは思はず」と詠んでいる。これまで天皇は何度も譲位の意向を表明しては秀忠に慰留され譲位表明を撤回してきたが、お福（春日局）の拝謁という屈辱的な行為を強いられたことが譲位の意思を決定的なものにした。

同年十一月八日、天皇は幕府の承認を得ることなく突然、女一宮（明正《めいしょう》天皇）に譲位した。これが秀忠との長い闘争に敗れた天皇の精一杯の報復だったのである。

第2章

将軍権力確立期の謎の事件

寛永九（一六三二）年―徳川忠長改易事件

将軍・家光に改易された弟の悲劇

忠長の乱行を聞いて発病した秀忠

後水尾《ごみずのお》天皇が女一宮《にょいちのみや》（女一宮《おんないちのみや》）への譲位を敢行し、第一〇九代明正《めいしょう》天皇が即位した。奈良時代の称徳《しょうとく》天皇以来の女帝の誕生である。秀忠《ひでただ》はこれによって天皇の外戚になるという家《いえ》康《やす》以来の夢を実現したが、男性天皇の外戚になることはできなかった。後水尾天皇はその後、上皇となり、明正天皇以下、後光明《ごこうみょう》・後西《ごさい》・霊元《れいげん》天皇の四代にわたって院政を敷いた。しかし、権力闘争からは離れ、仏道や風流の世界に情熱を傾け、延宝八（一六八〇）年、八十五歳の長寿を全うして崩御した。

一方、秀忠は明正天皇が即位した三年後、苦悩のなかで死去する。寛永八（一六三一）年二月、秀忠は胸にできていた「かたまり物」が痛み出し、非常に苦しんだ。また、以前から患っていた目も悪化し、六月頃には片方の目が見えなくなっていた。七月には回虫による腹痛で病臥し、また、胸痛も再発した。十一月、一夜に何度も血を吐き、年が明けた正月二十四日、息を引き取った（享年五十四）。

この晩年の秀忠の苦悩を一層大きくしたのが、三男・忠長《ただなが》の不行跡だ。忠長は三代将軍・家光《いえみつ》の弟で、寛永元（一六二四）年、駿河・遠江（いずれも静岡県）・甲斐国（山梨県）など五〇万石の大名となり、家康が居城とした駿府城（静岡県静岡市）に入った。二年後の三（一六二六）年、権大納言に任じられ「駿河大納言」と呼ばれた。

しかし、その後、忠長は幕府の目に余るような行為が多くなったという。同年、家光が上洛した際、忠長は家康によって禁じられていた、大井川に浮き橋を架けるという遺命違反を犯した。大井川は駿府城の外堀ともいわれ、家康は駿府城を守るため浮き橋を架けることを遺命で禁じていたのだ。

また、大坂城への転封を望んだり、五〇万石では飽き足らず一〇〇万石を願ったりした。他にも、駿府での辻斬りや江戸での度重なる家臣の手討ち、浅間《せんげん》神社の神獣・野猿《やえん》一〇〇頭以上の殺戮などを行った。

この乱行を知った家光は三度使者を派遣し、また自らも二度、忠長に意見した。しかし、その後も乱行は止まず、八年二月、家光は大御所・秀忠に忠長の乱行を報告した。秀忠が病を発したのは、このときからだといわれている。

国松ばかりを偏愛した秀忠とお江

秀忠は忠長の出仕を止めたが、三月に入って、忠長は家臣を斬ろうとしたほか、狂気の沙汰を繰り返した。忠長の乱行を知った大名らは、忠長もまた松平忠輝《まつだいらただてる》や松平忠直《まつだいらただなお》と同様になるのではと噂した。忠輝は松平忠輝改易事件で改易となった秀忠の異母弟である。忠直は秀忠の兄・結城秀康《ゆうきひでやす》の長男で、越前国福井（福井県福井市）藩主だった。大坂夏の陣で大功を上げたが、恩賞を不満として参勤を怠るなど不行跡が目立つようになった。その結果、元和九（一六二三）年、改易となっている。

諸大名の噂どおり忠長は幕府から処罰された。すぐの改易とはならなかったが、寛永八年五月、甲斐蟄居を命じられたのだ。そして、翌年正月、秀忠が死去すると、十月、家光は忠長の所領を没収（改易）し、忠長を上野国高崎（群馬県高崎市）藩主の安藤重長《あんどうしげなが》のもとへ預けた。その翌年の十二月六日、忠長は配所の高崎で自害した（享年二十八）。

以上が「徳川忠長改易事件」の概要だが、改易の理由が忠長の不行跡、乱行にあることは疑いようがない。では、なぜ忠長は目に余る乱行を繰り返したのだろうか。過度の飲酒による精神錯乱とする見方もあるが、そうであれば過度の飲酒の原因があるはずだ。忠長乱行の原因は何だったのか。その謎に迫ってみよう。

忠長は慶長十一（一六〇六）年、秀忠と正室・お江《ごう》との間に生まれた。次男・竹千代《たけちよ》（家光）の弟にあたる三男で、幼名を国松《くにまつ》と称した。竹千代は長兄が早世していたので「生まれながらの将軍」といわれ、のちに三代将軍・家光となる。しかし、幼少期には必ずしも誰もが竹千代が将軍になると思っていたわけではなかった。竹千代と国松は性格が異なり、竹千代は口数が少なく引っ込み思案で、人見知りする気の利かない子どもだった。それに対して、国松は容姿が可愛らしかったうえ、利発で人見知りしない気の利く子どもだった。

そのため、秀忠とお江は国松を偏愛し、周囲の者は国松が将軍の後継者になるのではと思うようになった。近臣の者も竹千代の部屋より国松の部屋を訪れることが多くなり、それを苦にした竹千代が短刀を手にして自殺を図った。これに気づいて自殺を思いとどまらせたのが竹千代の乳母で、後水尾天皇に拝謁し譲位を決断させた、あのお福《ふく》である。

お福は両親に見放された竹千代を母親のように育てた。そして、竹千代を将軍後継者とするため駿府の家康を訪れ直訴した。その後、江戸城を訪れた家康が秀忠夫妻に「竹千代が十六歳になったら、予が連れて上京し、三代将軍の名をあげる」と宣言した。これによって、竹千代が世子となることが明らかになった。家康はまた、竹千代の手を引いて上段に座らせ、国松が続いて上がろうとすると、「もったいない。国はそこにいなさい」と制し下段に座らせ、「長幼の序」を明確に示したともいう。

忠長に次期将軍の夢を抱かせた秀忠夫妻

家康が亡くなった翌年の元和三（一六一七）年、秀忠は竹千代を江戸城西の丸に移し、竹千代が将軍家の継嗣であることを正式に表明した。一方、国松はその前年、甲斐二三万八〇〇〇石に封じられ、その後、二人は元服して、竹千代は家光に国松は忠長に名を改めた。元和三年の国松は十二歳。当時の国松の心境はいかほどのものだったろうか。それまで父母から熱い愛情を注がれていた国松は、祖父・家康の言動によって一気に境遇が変わった。誰もが自分より兄の竹千代を大事にするようになり、父・秀忠の態度も変わった。自分の絶対的な味方は母・お江だけになったのだ。寛永二（一六二五）年、忠長は家臣を手討ちにし、この頃から乱行が始まる。そして、翌年、母が亡くなると、忠長の乱行が目立つようになる。

寛永元年、忠長は十九歳で五〇万石の大大名になったが、その前年に家光は将軍になっていた。三年、上洛の折、忠長は権大納言に任じられたが、家光は左大臣に任じられた。忠長の境遇は御三家並みの厚遇だったが、兄・家光との格差は歴然だった。その差異に対する不満から忠長は家光と対立するようになる。

そして、忠長の乱行が重なると秀忠は発病し、ついに忠長を見限って甲斐蟄居を命じた。

忠長は秀忠の見舞いと自らの赦免を願い出たが許されることはなく、秀忠に会うこともかなわなかった。翌年、秀忠は病と忠長の不行跡に苦悩するなか息を引き取ったが、忠長乱心の原因が秀忠とお江の偏愛によって幼い忠長に次期将軍という夢を抱かせたことにあるのはまちがいない。

連綿と続いた忠長と家光の間の確執

徳川忠長改易事件の残る謎は、忠長の配所地・高崎での自害である。なぜ忠長は自害したのか。それは自発的なものだったのか、あるいは、誰かに促された（強いられた）ものだったのだろうか。

江戸中期の儒学者で政治家の新井白石《あらいはくせき》が編んだ『藩翰譜《はんかんふ》』（大名の系譜と伝記の集成）によると、忠長を預かった高崎藩主・安藤重長は忠長を厚遇していた。ところが、寛永十年、家光の使者として幕閣の阿部重次《あべしげつぐ》が訪れ、忠長が自発的に自害するための何か策を講じるよう重長に命じた。重長が家光の御教書（文書）がないことを理由にこれを拒むと、重次はいったん江戸に帰り、御教書を持参して再度訪れた。重長は忠長に何も言わなかったが、忠長の居所の周囲に鹿垣《ししがき》（「しがき」とも。枝や木で編んだ垣根）を立てた。忠長はそれを目にすると、障子を閉め、身の回りの世話をしていた女房らに暇を出し、十二月六日、ひっそりと自刃した。

これが史実であれば、忠長の自害は家光に促されたということになる。では、家光は忠長を改易にしただけでは飽き足らず、なぜ自害させようとしたのだろうか。秀忠死去の年、家光は「御代始之御法度《みよはじめのごはっと》」として肥後国の大大名・加藤忠広《かとうただひろ》を改易した。これは新政権の強い政治姿勢を諸大名に知らしめるための強権発動といわれており、忠長の改易も忠広の改易に続くものと考えられる。しかし、同じく家康の血を引く松平忠輝も松平忠直も改易の憂き目にはあったものの命までは奪われなかった。忠輝も忠直も配所地で余生を過ごしている。

家光が忠長を改易し高崎に配流しただけでは許さず、抹殺しようとしたのはなぜなのか。その謎を解く重要な史料が『オランダ商館長日記』だ。この日記は江戸時代にオランダ東インド会社が平戸と長崎に置いた日本商館の歴代商館長が記した公務日記である。それによると、朝廷の特命を帯びた貴人二人が家光に忠長の赦免を乞い、同意しなければ近く予定されていた家光の上洛は執行できないだろうと述べた。すると家光は忠長のもとへ屈強な者たちを派遣し暗殺を試みた。忠長は従者とともに襲撃犯らを斬り倒したが、この襲撃の後、自害したという。つまり、家光が自分を亡き者にしようとしていることを知り、自ら命を絶ったというのである。

そして、家光が忠長の命をねらった理由について『日記』は、忠長が生存している限り、赦免の嘆願が絶えることがなく家光が安らぐことがなかったこと、また、上洛中止を回避できたことをあげている。また、家光の容体が重くなったとき、一部の側近や領主らによって家光の死後、忠長を次の王（将軍）にしようとする計画があり、それを知った家光がひそかに忠長を殺害しようとしたというのだ。

実際、寛永十年九月、家光は月見の儀式で酒を飲み過ぎ、さらに行水で体を冷やして風邪をひいた。これが思いのほか重篤化し、周囲は万が一を考えなければ状況になった。『日記』が記す忠長を王にしようとする計画は、この時期に立てられたものだろう。その後、持ち直した家光は自分の健康に自信がなくなり、かつ、この当時、家光にはまだ男子がおらず、後継者問題でも悩んだ。そこへ前述の計画が耳に入り、このままでは忠長が次の将軍になると思い、殺害を決意したのだろう。忠長はそんな兄の思いを知り、自死の覚悟を決めたにちがいない。

結局、徳川忠長改易事件の根本の原因は忠長と家光の間に連綿として続いた確執にあったのだ。忠長は兄・家光との格差が常に不満だった。また、家光は一大名に過ぎない弟・忠長が諸大名や朝廷にまで人脈を築いていたことが妬ましかった。そして、朝廷が上洛の中止を匂わせながら忠長の赦免を要請してきたことで忠長抹殺を決意したのである。

寛永九（一六三二）年 ―― 黒田騒動

忠臣が仕組んだ福岡藩の御家騒動

法度違反でお取り潰しの危機に

徳川忠長改易事件が起きた寛永九（一六三二）年の六月、筑前国福岡（福岡県福岡市）藩（筑前藩・黒田藩）の家老・栗山大膳《くりやまだいぜん》が藩主・黒田忠之《くろだただゆき》に幕府転覆の謀叛の企てありとして幕府に上訴した。幕府は大膳と忠之を江戸に呼び出し、将軍・家光がじきじきに裁定（将軍親裁）した結果、謀反の疑いは晴れ、忠之はおとがめなしとされた。一方、訴え出た大膳は陸奥国盛岡（岩手県盛岡市）藩（南部藩）に流され、南部家に預けられた。

これが伊達騒動・加賀騒動とともに日本三大御家騒動の一つとされた「黒田騒動」の概要である。この騒動の謎は大膳はなぜ主君・忠之を幕府に訴えたのか、忠之に謀反の疑いは本当にあったのかという点である。その謎について古くからいわれているのが、大膳忠臣説だ。以下、この説にそって騒動の経緯を見直してみよう。

福岡藩の初代藩主は関ヶ原の戦いで戦功のあった黒田長政《くろだながまさ》だ。長政は戦後の論功行賞で筑前一国五〇万二〇〇〇石余を与えられ、のちに博多湾に面した福崎に新城を築き、黒田家が発祥した備前国福岡（岡山県瀬戸内市）にちなんで福崎を福岡に改名した。元和九年、長政が死去し、嫡男・忠之が二十二歳で二代藩主となったが、忠之は幼少の頃からわがままな性格でおまけによく乱暴をはたらいた。親のいうこともきかない忠之に、長政は廃嫡まで考え、三男・長興《ながおき》に家督を譲ろうとした。このとき、忠之を擁護し、廃嫡を思い止まらせたのが筆頭家老の大膳だった。

長政は死期が迫ると、大膳に「忠之を頼む」と託したが、死後も忠之の乱行は止むことがなかった。藩主となった忠之は大膳はじめ長政の父・官兵衛《かんべえ》（孝高《よしたか》・如水《じょすい》）以来の重臣らを遠ざけた。そして、藩士の序列を無視して自らが寵愛する小姓の倉八十太夫《くらはちじゅうだゆう》や郡正太夫《こおりしょうだゆう》ら遊び仲間を側近として重用した。なかでも十太夫には九〇〇〇石（一万石とも）の高禄を与え、家老並みに取り立てた。

忠之は毎夜酒宴を開き、また、幕府に無断で大型軍船の鳳凰丸を建造したり、足軽数百人を召し抱えたりした。大型軍船の無断建造や足軽の無断採用は軍備拡張の法度違反であり、このままでは黒田家のお取り潰しも免れないと危機感をもった大膳は、十太夫に忠之への諫言状を差し出したが、十太夫に握り潰されてしまった。

反逆罪覚悟で主君を訴えた大膳の真意

その後、大膳が隠居を願い出ると、忠之は引き留めることなくすぐに許可した。しかし、譜代の重臣の隠居に藩内は動揺し、この一件は幕府にも届いた。幕府は年寄・土井利勝《どいとしかつ》が調査し、非は忠之にあるとして大膳の復職を命じた。

これに怒った忠之は寛永八年に大膳の父・備前が病没すると、備前が官兵衛から遺品として贈られた冑と鎧を返還させ、十太夫に与えた。さらに、翌年、大膳を手討ちにしようとし出仕を命じたが、大膳は病気を理由に自邸に引き籠もった。そこで忠之は大膳の屋敷を囲み、武力で討伐しようとした。すると、大膳は妻と子（次男）を人質として差し出し、自らは剃髪して閉門・謹慎の身となった。そして、その直後、親交のあった長崎奉行で豊後国府内（大分県大分市）藩主・竹中采女正重次《たけなかうねめのしょうしげつぐ》（重義《しげよし》）を仲介に幕府に忠之の謀反を上訴した。幕府は家光親裁の結果、忠之の所領をいったん召し上げたうえ、黒田家先代の忠誠を理由に改めて筑前一国を与え、十太夫を高野山へ追放した。忠之は実質的なおとがめなしだ。また、大膳が盛岡に配流になったことは前述したとおりである。

以上が、大膳忠臣説によった騒動の経緯で、大膳が反逆罪覚悟で主君・忠之を訴えたのは、黒田家のお取り潰しの危機を救うためだったとされる。確かに上訴の前月には同じ九州の熊本藩加藤家が改易を命じられており、大膳がこのままでは黒田家も同じ運命になると考えても不思議でない。つまり、忠之謀反の疑いははなから事実無根の話で、幕府からおとがめなしとされ改易を回避するための口実だったというわけである。

黒田家を改易の危機から救った大膳の忠義は、江戸時代中期、歌舞伎の題材となり何度も上演され、現代でも大膳は小説や映画で忠臣として描かれている。しかし、この騒動も大膳側ではなく忠之側から見直してみると、また違った一面が見えてくるのだ。確かに、忠之は幼少の頃から問題児で、父・長政を困らせた。長政が忠之を見限ったとき、間に入って忠之を擁護したのは大膳であり、大膳は忠之から感謝こそされ憎まれる筋合いはないように思える。

だが、長政から忠之の後見役を託された大膳が、先代の遺命とばかり忠之に過度の干渉をしたら、若き忠之はそれでも大膳を「恩義ある者」として接するだろうか。現代の企業でも若い新社長に先代からの重役が何かと意見すれば煙たがられるように、忠之にとって大膳はじめ譜代の重臣は邪魔な存在になっていたにちがいない。だからといって、大膳を殺害しようとしたことは許されることではないが、忠之には大名としての、藩主としての矜持があったのではないだろうか。また、一説に大膳が幕府に訴え出たのは藩の存続のためではなく栗山家の存続のためだったという指摘もある。

切腹を申し出た忠之に家光が感服する

この騒動にはもう一つ謎がある。黒田騒動の前月、熊本藩主の加藤忠広が改易になったのに比べると、ずいぶんと寛大な処置に思えるのだ。事実無根で主君を訴えた大膳が切腹を免れ配流ですんだのは、家光はじめ幕閣らが大膳の忠義に免じたと考えられるが、乱行の多かった忠之がおとがめなしとは、あまりにも穏便すぎないだろうか。寛大な裁決の一番の理由は、改易回避のために上訴した忠臣・大膳の忠義に幕府が応えたということだろう。しかし、実は忠之自身にも、おとがめなしにつながりそうな逸話があった。

この一件を裁定した家光は忠之と大膳を対決させようとしたが、忠之はこれを拒んだ。その理由について忠之が「ことの真否はさておき、主君の自分が家臣と対決するのは君臣の道に外れる。どうしても対決せよとおっしゃるなら、自分に切腹を仰せつけていただきたい」と述べ、その潔さで家光を感服させたという。また、一説に家光が忠之を「彼は愚か者だ。愚か者の所領を没収するのはかわいそうだから許してやろう」といったというが、これはあまりに説得力のない話だ。

後者の逸話はともかく、前者の逸話には忠之の発言が家光に好印象を与えた可能性がある。当時、幕府は大名統制策を強化することで将軍権力の確立をめざしていた。徳川将軍家は諸大名家の上に位置し、君臣（主従）の関係にあることを明確にしようとしていたのだ。それはまた、大名家にあっても大名（藩主）と家臣（藩士）は君臣の関係にあるべきで、たとえ若輩の大名（藩主）と先代からの宿老の関係であっても君臣の道は外してはならなかった。藩主となった忠之は大膳との主従関係を明確にすることで、結果的に大名権力の強化に成功したといえるのだ。

寛大な裁決の理由としてもう一つ考えられるのが、忠之の家族関係だ。忠之の母・栄姫《えいひめ》は家康の養女、正室・久姫《ひさひめ》は秀忠の養女だった。つまり、そこに家光はじめ幕閣の忖度がはたらいたとしてもおかしくはないだろう。かつて、家康は秀忠に対して「裁判では理非を正すことが大事だが、理非よりも政治に支障がないようにとりはからうことが大切だ」といいきかせた。また、奉行との談話の折、「裁判は勝たせたいほうに勝たせるのがよい」とも語ったという。

この家康の教訓は秀忠から家光へと伝わったにちがいない。つまり、黒田騒動は家光や幕閣らが勝たせたいほう（忠之）を勝訴とした事件だったのである。徳川三代、とくに秀忠・家光の代に大名改易が頻繁に行われた最中、大名家がおとがめなしとなった黒田騒動は異例な事件といえるだろう。

寛永十二（一六三五）年　柳川一件

家光を悩ませた対馬藩の御家騒動

藩主をないがしろにした調興

黒田騒動では主君（藩主）と家臣（藩士）が争ったが、寛永十二（一六三五）年にも同様な事件が起きた。「柳川《やながわ》一件」と呼ばれる対馬（長崎県対馬市）藩（府中藩）の御家騒動である。この年、対馬藩主・宗義成《そうよしなり》は重臣の柳川調興《やながわしげおき》が主命に従わず暴虐をはたらいたとして老中・土井利勝に訴えた。すると、調興も義成の非を幕府に訴え、二人は将軍・家光の目前で対決した。結果、義成はおとがめなし、調興は津軽（青森県西部）へ配流となった。

以上がこの騒動の概要で、大名家の宗家は改易されることがなかったが、はたして宗家にはまったく非がなかったのだろうか。実は、この事件は当初、一大名家の御家騒動と見られたが、幕府の調査によって重大な外交問題へと発展するおそれがあったのだ。なぜそれほどまでの大事《おおごと》になりかねなかったのか、また、それほどの大事件であったのにもかかわらずなぜ宗家はおとがめなしだったのか、この事件もまた多くの謎を含んでいる。

それらの謎を解くため、ここでもまた事件の経緯を振り返ってみよう。日本と朝鮮の貿易は秀吉による朝鮮の役以後断絶していたが、慶長十四(一六〇九)年、対馬藩と朝鮮との間で「己酉約条《きゆうやくじょう》」(慶長条約とも)が結ばれ、宗氏は朝鮮貿易を再開した。しかし、この頃から藩内の有力氏族・柳川氏が勢力を拡大し、藩主・義智《よしとし》と対立するようになった。柳川氏は立藩時の家老・調信《しげのぶ》が朝鮮外交で活躍して以来、子の智永《ともなが》や孫の調興に至るまで外交の専門職であることを誇ってきた家柄である。

その後、調興は義智をないがしろにするようになり、ついには義智の制止を無視して対馬を出て、駿府に滞在して朝鮮外交を行うようになった。義智の死後、家督を継いだ義成も調興に帰国を命じたが、調興は従わなかった。それどころか、幕府直参になろうとした調興は寛永八年、義成に所領を返上して君臣の関係を絶ちたいと願い出たのだ。これに怒った義成が調興のこれまでの悪行を利勝に訴え出たというわけである。

日朝両国の国書を偽造・改竄した調信

寛永十年、義成が江戸に呼ばれ事件の調査が始まった。翌年、利勝の使者・横田角左衛《よこたかくざえ》門《もん》と老中・松平信綱《まつだいらのぶつな》の使者・篠田九郎左衛門《しのだくろうざえもん》が現地を調査するため対馬に派遣された。すると、その調査の過程で数々の国書の偽造・改竄《かいざん》をはじめ幕府に無許可で御所丸《ごしょまる》（将軍使船）の朝鮮派遣などが明るみに出たのだ。この対馬藩の不正疑惑のなかで、とくに問題とされたのが国書の偽造・改竄だ。その不正行為はなんと慶長十四年の己酉約条の締結以前から行われてきたのである。

秀吉の死後、義智は家康から朝鮮との国交回復の交渉を命じられた。義智は家老・調信とともに粘り強く交渉に当たった。その甲斐あって、朝鮮もようやく交渉に応じる姿勢を見せてきた。ところが、慶長十一（一六〇六）年、朝鮮は国交回復の条件として、①日本から先に朝鮮国王へ国書を送ること、②朝鮮の役の際、朝鮮王陵を荒らした犯人を送ること、を突き付けてきたのだ。

義智と調信が頭を抱えたのは①の条件だった。先に国書を送るということは相手国に対して和を請うことを意味し、朝鮮を下に見ていた幕府が認めるわけがない。だからといって要求を拒否して国交回復を断念するわけにはいかなかった。幕命ということもあったが、対馬藩にとって朝鮮との貿易はこれまで莫大な利益をもたらしてきただけに何としてでも復活させたかった。

そこで一計を案じたのが、調信と同じく家老の島川内匠《しまかわたくみ》の二人である。二人は国書を偽造し、朝鮮王陵を荒らした犯人とともに朝鮮へ送ったのだ。王陵荒らしの犯人については追究が困難なため、藩内の罪人を犯人として差し出している。翌年、朝鮮は国書を持参した使者を日本に派遣した。しかし、その国書は先に日本が送った国書に対する内容であり、家康や秀忠はじめ幕閣が目を通せば疑念が生じるのは目に見えていた。当然ながら、国書をそのまま幕府に提出するわけにいかない。そこで調信と内匠は、朝鮮の国書を偽造・改竄して幕府に提出したのである。

こうして朝鮮との国交は回復し、己酉約条が締結された。ところが、元和三（一六一七）年、朝鮮通信使が来日した際、通信使は日本からの返書に「日本国王」の署名を要求してきた。しかし、「日本国王」と署名することは中国の属国を意味するため、幕府はこれを拒み「日本国源秀忠」と署名した。すると、当時、朝鮮外交の責任者になっていた調興は返書を改竄。署名に「王」の字を入れて朝鮮に渡した。また、寛永元年には、調興は家康の側近の一人・以心崇伝《いしんすうでん》（金地院崇伝《こんちいんすうでん》）に頼み込んで「日本国主」と署名してもらったが、この返書でも「主」の字の上の点を取って朝鮮に渡していたという。

家康の遺訓を守った家光の裁定

家光の親裁によって調興は処罰されたが、なぜ調興は義成の主命に従わず、所領を返上してまで君臣の関係を絶ちたいと願い出たのだろうか。伝えられるところによると、朝鮮貿易の専門職の家で育った調興は、対馬藩の藩士では飽き足らず、幕臣になることを望んだという。実際、調興は利勝や本多正純《ほんだまさずみ》など幕閣や幕府に影響力があった林羅山《はやしらざん》らとも親交があり、自分は幕臣としてはたらいているという自負があったようだ。

その幕府との強い人脈があったからこそ調興は強気な行動に出て、義成から訴えられると受けて立った。おそらく、幕府の裁定となれば利勝や羅山の影響力によって自分が勝訴すると読んだにちがいない。しかし、結果は読みと外れたものになった。

一方の義成は、裁定によると国書の偽造・改竄が相次いで行われた当時、義成は幼年であったため関知しないこととされた。御所丸の無断派遣も義成が病気の間に調興らが行ったことだという。なんとも寛大な裁定だが、義成には藩主としての責任はなかったのだろうか。また、調興も配流といっても家臣七人を連れていくことを許可され、津軽では城の近くに広大な屋敷を与えられている。島川内匠や家臣らを死罪としたのとは大きな差があるように思える。この不可解な裁定も謎である。

この謎の答えは、朝鮮との外交にあった。かつて朝鮮と交わした国書が宗家によって代々偽造・改竄されたものであることが明るみになれば、国交断絶もあり得る。せっかく再開した朝鮮との国交が再び断絶となれば幕府の面目も潰れるし、場合によっては朝鮮との戦《いくさ》も想定しなくてはならない。

家光が下した裁定を見て思い出されるのが、前述した家康の裁判についての言葉だ。家康は「裁判では理非よりも政治に支障がないようにとりはからうことが大切だ」と語ったという。家光もまた、この柳川一件では義成と調興のどちらに理があるか非があるかではなく、朝鮮との国交を維持することを最優先に考えたのである。そのため、国書の偽造・改竄は宗家の家臣らによるもので宗家の関与はなかったことにしたのだ。

しかし、家光は宗家にその責任があることは十分に知っていた。だからこそ、家光は裁定の後で義成に朝鮮との外交を誠実に行うよう命じ、今度、非があったときは改易にすることを明言した。これに対し義成は、帰国の際、家光の厚い恩義に謝意を示し、今後の朝鮮外交について「日本のことを大切に考え、日本にも朝鮮にも何も隠密の儀なく努めます」という起請文を提出している。

柳川一件での家光の裁定は祖父・家康の遺訓を守ったものとなったが、それはまた家光が大事にしていた〝君臣の道〟を守る裁きでもあった。訴訟の内容はどうあれ、家臣が主君を訴えたり告発したりすることは許さず、その裁きにあっては上に軽く下に重く罰し、主従関係を重視したのである。家光は黒田騒動に続いてこの柳川一件でも自分の信念を貫いたといえよう。

慶安四（一六五一）年——慶安事件

家光の死後に発覚した幕府転覆計画

天下を揺るがす陰謀事件が発覚する

柳川一件の後、家光政権は「島原の乱」（島原・天草一揆）というキリシタン農民による反乱の鎮圧にあたった。幕府は老中・松平信綱を島原に派遣し反乱軍を鎮圧したが、家光はこの反乱がキリシタンによって引き起こされたことに危機感を強くした。寛永十六（一六三九）年、家光はポルトガル船の来航を禁じ、ポルトガル人の追放を発令した（第五次鎖国令・鎖国令寛永十六年令）。

家光政権は鎖国令を発しキリシタン対策に力を入れたほか、多くの大名の改易を断行して大名統制策を推進。その結果、将軍権力を強化し、幕藩体制を確立した。しかし、慶安四（一六五一）年四月二十日、家光は四十八歳でその生涯を終えた。四代将軍には家光の長男・家綱《いえつな》が就くが、まだ十一歳の幼将軍である。幕府は謀反や争乱を警戒し、幕閣の最年長の大老・酒井忠勝《さかいただかつ》は諸大名を集め、「古くから幼君のときは人心が乱れて国家の患いがあるという。おのおのも天下を望むにはよき機会でござろう」と諸大名を挑発した。諸大名が神妙な面持ちで沈黙していると、幕閣側から保科正之《ほしなまさゆき》と松平光通《まつだいらみつみち》が進み出て、「万一、幼主を幸いに天下を望む者があれば我々に仰せ付けられよ。踏み潰して、御代始めの御祝儀にいたし申そう」と威嚇した。すると、諸大名は一斉に平伏したという。

そんな幕閣の間に危機感が漂っていた時期、家光死去の三か月後の七月二十三日、天下を揺るがすような幕府転覆計画が発覚した。幕府転覆を企てたのは江戸の軍学者・由比《ゆい》（由井）正雪《しょうせつ》を首謀者とする牢人らで、この事件は「慶安事件」とも「由比正雪の乱」とも呼ばれる。後世には『慶安太平記』として芝居や歌舞伎・講談などの題材となっている。

首謀者の正雪が企てた幕府転覆計画とは、次のようなものだ。正雪が九人の牢人とともに駿河国久能山（静岡県静岡市）に立て籠もり、ここから一味に指示を出す。江戸では槍の達人で牢人の丸橋忠弥《まるばしちゅうや》が指揮をとり、強風の夜に小石川の塩硝蔵《えんしょうぐら》（火薬庫）に火をつけて騒ぎを起こす。その騒ぎを聞きつけて登城する老中らを討ち取り、さらに大坂や京都でも金《かな》井《い》半兵衛《はんべえ》や吉田勘右衛門《よしだかんえもん》らが騒ぎを起こし、正雪らが駿府城（静岡県静岡市）を占拠するというものである。ところが、計画が発覚すると幕府は迅速に対応し、発覚から三日後の七月二十六日、首謀者の正雪が自刃して呆気ない幕切れとなった。

この事件には数多くの謎がある。正雪は本当に幕府を転覆しようとしたのか。それとも他に目的があったのか。目的については古くからキリシタン説・尊王討幕説・幕政改革説など諸説唱えられてきたが、真相は不明である。また、なぜ計画は発覚したのか、なぜ三日間で落着したのか、判然としないところが多い。そこで、まずは計画発覚の経緯から見ていくことにしよう。

忠弥の口からこぼれた計画を訴え出る

前述の『慶安太平記』によると、忠弥は計画を実行するにあたり、ある日、江戸城のお堀に石を放り込み、深さを測った。それをたまたま傍らで見ていた松平信綱が、怪しんで問い質すと、忠弥は「犬を追い払おうとして石を投げた」と言い逃れ、酔ったふりをして去って行った。しかし、〝知恵伊豆〟といわれた信綱は謀反のあることを察知し、一味は一網打尽になったというが、これはあくまでも創作の世界の話である。

実は、ことの始まりは訴人《そにん》による密告だった。七月二十三日の夜、老中の信綱のもとに家臣・奥村権之丞重昭《おくむらごんのじょうしげあき》の弟・八左衛門《はちざえもん》と従弟の奥村七郎右衛門幸忠《おくむらしちろうえもんゆきただ》、牢人・田代次郎右衛《たしろじろうえ》門信久《もんのぶひさ》の三人から密告があった。また、旗本の大沢右近将監尚親《おおさわうこんしょうげんなおちか》を介して牢人の林理左衛《はやしりざえ》門知古《もんともひさ》も信綱に訴え出た。他にも北町奉行・石谷貞清《いしがやさだきよ》に訴え出た弓師・藤四郎《とうしろう》などの訴人もあったという。

このうちの八左衛門は一味の一人で、江戸で忠弥の下で騒動を起こすつもりだった。そこで、兄の重昭のもとへ暇乞いに行った際、弟に不審を抱いた重昭から問い質され白状した。その夜、重昭を通して幸忠とともに信綱に訴え出たという。金貸しをしていた信久の場合は、その夜、忠弥から一〇〇両の無心があり、信久が貸し渋ると、忠弥が謀反の計画を口にした。信久は金を明日渡すといって忠弥を帰し、その後、親交のあった八左衛門のもとへ走り訴人となるよう勧めたとも、信久自身が訴え出たとも伝えられている。知古もまた一味の一人だったが、正雪からの信頼が厚かったようで、一味となった証拠を提示したほか計画の詳細についても話したという。ちなみに、事件落着後、訴人の八左衛門・幸忠・信久はそれぞれ三〇〇石の褒美を与えられたが、知古だけ五〇〇石の褒美だったのはそれだけ提供した情報が重要だったからだろうか。

計画発覚後の幕府の動きは速かった。信綱はすぐに北町奉行の貞清に知らせた。前述の訴人の一人、藤四郎が訴え出たときにはすでに北町奉行所には高張提灯《たかはりちょうちん》の灯りがあかあかとついていた。北町奉行所と南町奉行所の与力二騎・同心二四人からなる捕手《とりて》は、一味の江戸での中心人物・忠弥の捕縛に向かった。忠弥は宝蔵院《ほうぞういん》流の槍術の達人で、御茶の水で借家に住み道場を開いていた。容易には捕縛できないと思った捕手は、一計を案じた。捕手が「火事だ、火事だ！」と大声を上げながら家の屋根に登って騒ぎ立てる。すると、忠弥が戸を開け、「火事はどこだ！」と声をあげて飛び出てきた。そこへ捕手が飛びかかり、槍の達人にその技を振るわせることなく捕らえてしまった。こうして江戸の中心人物を、その日のうちに捕縛し、幕府は江戸市中の放火を未遂に終わらせたのである。

忠弥の捕縛が行われるなか、信綱は新番頭《しんばんがしら》・駒井《こまい》右京《うきょう》親昌《ちかまさ》に正雪の追捕を命じた。また、老中は連署して駿府城代・大久保《おおくぼ》忠成《ただなり》に久能山の警備等について指示を与えていた。こうした幕府の動きをどこまで知っていたか、あるいは想定していたか、正雪は計画が発覚する前日の二十二日、江戸を発ち駿府へと向かっていた。その数、わずか一〇人（一一人とも）。

二十五日の晩、正雪ら一行は駿府に到着し梅屋に投宿したが、すでに親昌は駿府に到着し駿府城代や駿府町奉行らと捕縛の手筈を協議し、警戒網を敷いていた。やがて一行が梅屋に投宿していることがわかると、町奉行・落合《おちあい》小平次《こへいじ》以下の捕手が宿を包囲。江戸から生け捕りを命じられていた小平次は、「江戸から手負いの者の詮議を命じられ、旅人の瑕《きず》改めを行っている」と嘘をつき、正雪らに町奉行所まで出頭するよう申し入れた。しかし、一行は応じる様子がなく再三にわたって捕手と応酬があった後、夜が明けた二十六日、正雪らは奉行所に参上すると見せかけて、部屋のなかで正雪はじめ九人が自害したのである。

あまりにも杜撰な正雪の幕府転覆計画

以上が幕府転覆計画の発覚から事件の落着までの経緯だが、なんとも不可解な事件である。まず、幕府転覆という大きな犯罪を企んだ割には一味の中心人物の一人で、正雪が頼みにしていた忠弥があまりにも口が軽い。それも金を無心した信久のみならず、金を借りていた藤四郎から返済を催促された際にも、返済の目途として計画を打ち明けたという。これではまるで、忠弥が計画を未遂にするためわざと訴人をつくろうとしたように思える。

そもそも、この幕府転覆計画はあまりにも粗雑な感が否めない。幕府創業期ならともかく、将軍権力が強化され幕藩体制も確立されたこの時期に、この程度の規模で幕府を転覆できるとは到底思えないのだ。正雪の駿府行きもお粗末過ぎる。多人数で移動すれば目立つため人数を絞ったとも考えられるが、それにしても首謀者の身を守るべき配下の人数が少なすぎる。分散してでももっと多くの配下が必要ではなかったか。

また、正雪は総髪（髪を伸ばしたまま垂れ流す髪型）という独特の髪型で、誰の目にも目立った。江戸で忠弥が事件を起こし正雪が首謀者であることが判明すれば、幕府が正雪の人相書きを街道筋に配ることは想定できたはずだ。そうであれば、江戸を発つ前に髪型を変えていてもおかしくなかった。このように慶安事件は軍学者が計画した陰謀という割には、あまりも杜撰《ずさん》な計画による事件であり、正雪が本当に幕府転覆を計画したとは考えられないのである。

それについては、当時から疑念があったようだ。というのは、正雪らが自刃し一件落着かと思われたが、正雪は書置き（遺書）を残していたのだ。その冒頭には「自分には幕府転覆の意思はない」と明記され、続いて「天下の制法が無道であって、上下困窮していることは悲しまずにいられない。松平能登守《まつだいらのとのかみ》がこれを諫めるために遁世したのに、狂人扱いされて忠義の心は空しくなった。私は天下を困窮させている酒井讃岐守《さかいさぬきのかみ》（忠勝《ただかつ》）を追放するために謀略をもって人を集めた」とあった。

記述のなかの「上下困窮」とは牢人や旗本の困窮のことである。すでに見てきたように、江戸時代初期、家康・秀忠・家光の徳川三代によって多くの大名が改易、あるいは転封された。それにともない多数の牢人が発生し、社会問題になっていた。牢人の数は多いときには四〇万人にも達したといわれたが、それに対して幕府は救済策を講じることなく、逆に牢人の締め出し政策を行った。このため彼らは路頭に迷い、ますます生活に困窮した。また、旗本の困窮も進み、彼らの不満も大きくなっていた。ちなみに、前述した訴人の田代信久はもと福島正則の家臣だった。正則が改易になった後、牢人の身となったが、信久は自分の生活を守るため同じ牢人の陰謀を密告することになった。

また、書置きのなかにあった「松平能登守」とは徳川一門の三河国刈谷（愛知県刈谷市）藩主・松平定政《まつだいらさだまさ》のことである。定政は慶安事件の前の七月九日、突然、髪をおろし江戸市中を「松平能登の入道に物給へ、物給へ」といいながら托鉢して回った。その動機は困窮した旗本の救済を幕府に訴えることで、そのために定政は幕閣の井伊直孝《いいなおたか》に自分の領地と城内に蓄えた兵器や雑具の献上を申し出た。しかし、幕閣はこの一件を〝狂気の沙汰〟によるものとして定政を改易処分にした。この松平定政遁世事件の二週間後、慶安事件は起きたのである。

事件の背後に存在したといわれる黒幕の謎

慶安事件の首謀者・正雪の目的が牢人の救済にあったとする説が現在では有力である。しかしまた、黒幕がいたという説が当時からあるのだ。それは正雪の書置きのなかに家康の十男で、紀伊徳川家の当主・徳川頼宣《とくがわよりのぶ》の名前が書かれていたことが発端だった。書置きには、計画実行のために紀州家（頼宣）の名を使って牢人を集めたが、頼宣は無関係だと記されていた。また、正雪の遺品なかに頼宣の虎の印を押した判物《はんもつ》（文書《もんじょ》）が見つかり、これもまた頼宣の疑惑を大きくさせた。

正雪がわざわざ「頼宣は事件に無関係だ」と書いた真意は、正雪が自刃した後では確かめることはできないが、幕府は放っておくわけにはいかなかった。頼宣の関与を疑った幕府は、江戸城内で幕閣らが頼宣を喚問した。すると頼宣は、「外様大名の名を騙ったのであれば一大事だが、わが名を用いたとはめでたい。これで天下は安泰である」と笑い飛ばし、これによって幕府の嫌疑は晴れたという。

ところが、頼宣の喚問については別の話もあるのだ。徳川幕府の正史である『徳川実紀《とくがわじっき》』によると、頼宣を喚問した場所は江戸城内ではなく紀伊邸だったという。『実紀』によると、大老の忠勝が紀伊邸を訪れ、持参した頼宣の印がある判物を頼宣に見せ、「これは偽書に違いない。しかし、こういうものはすぐに焼き捨てたほうがよろしい」といって、その場で破り、焼き捨てた。すると、その会話をそばで聞いていた加納という少年が席を立ち、切腹したという。忠勝はなぜ判物を焼き捨てたのか。少年はなぜ切腹したのか。判物が偽書であれば焼き捨てる必要もないし少年が責任をとって切腹することもない。判物が本物だったからこそ忠勝は事件を揉み消すために焼き捨て、少年は本物の判物を流失させた責任をとって切腹した、と見ることもできるのだ。

頼宣を事件の黒幕とする説には、他にも根拠があった。「南海の龍」の異名をもち武勇を誇る頼宣は、かねてから文弱化していく幕府への不満を口にしていた。そして、有為の牢人たちをたくさん召し抱え、牢人たちも紀州藩への仕官を夢見た。『南紀徳川史』には、寛永七（一六二〇）年、「由井正雪、藩ニ来遊ス」とあり、正雪が紀伊藩を訪れたことが記されている。その後、正雪は軍学者として頼宣が詰めていた江戸紀州邸に出向き講義もした。正雪にとって頼宣の存在は特別なものだったにちがいない。幕府も表面上は頼宣を無罪としたものの、その後十年間、頼宣が江戸から帰国することを禁じた。

しかし、この頼宣黒幕説にも疑問が残る。問題の判物は本当に正雪の遺品だったのだろうか。判物を届け出たのが誰なのかも不明である。もし誰かが遺品のなかに紛れ込ませたとしたら、頼宣は危うく断罪されるところだったということになる。頼宣を陥れようとしたのは誰なのか。考えられるのは、徳川一族であっても徳川忠長を改易した家光だ。家光は事件を前に他界するが、生前にかねてから幕府に反抗的な頼宣を憎く思った家光の密命を受けて、頼宣の追い落としをねらっていた人物がいたのではないだろうか。真相はすべて闇のなかだが、この事件にはまだ多くの謎が残されているのだ。

事件後の同年十二月十日、江戸城内で幕閣によって牢人問題が協議され、忠勝は牢人の江戸追放を主張した。しかし、阿部《あべ》忠次《ただつぐ》が「追放は仁政ではない」と強く反対すると、定政から警告を受けた井伊直孝も同意し、結局、牢人の江戸払いはなくなったという。また、翌十一日、末期養子（跡継ぎがない者が臨終になって相続人を願い出ること）の禁が緩められた。これにより、その後、大名の改易は少なくなり、牢人の発生が少なくなったという。

明暦三（一六五七）年 ― 明暦の大火

江戸再生の起点となった大火の謎

江戸の町を焼きつくした空前の大火

慶安事件が落着した翌年、慶安五（一六五二）年九月、牢人の別木《べつぎ》（戸次《へつぎ》）庄左衛門《しょうざえもん》・林《はやし》戸右衛門《とえもん》・三宅平六《みやけへいろく》・藤江又十郎《ふじえまたじゅうろう》・土岐与左衛門《ときよざえもん》らによる老中殺害計画が露見し、庄左衛門以下が処刑されるという事件（承応事件）が起きた。慶安事件同様、牢人らによる犯行で、その計画も慶安事件と同じく江戸市中に火を放つというものだった。

当時の江戸の町は防火用水も防火器具も整備されておらず、強風の日に火を放てばたちまち大火になるおそれがあった。実際、「火事と喧嘩は江戸の花」といわれたように、江戸の町は火事が多く、江戸の住民は常に大火の危険におびやかされていた。

そんな時代の明暦三（一六五七）年正月十八日、本郷丸山（東京都文京区）の本妙寺から出た火の手はみるみるうちに広がり、同寺はもとより町家も商家も大名屋敷、旗本屋敷も焼く大火となった。火は江戸城にも飛び、二の丸、三の丸、本丸にも燃え移り、ついに天守閣を焼き落とした。将軍・家綱はかろうじて火の手が及ばなかった西の丸へ移った。

大火は翌日まで猛威を振るい、その結果、二日間で江戸の町の大半を焼きつくした。焼死者は一〇万人を超え、江戸時代最大級のこの大火は「明暦の大火」と呼ばれる。この火事の謎は大火の原因である。この大火は「振袖火事」ともいわれてきたが、その理由は失火の原因が本妙寺で焼こうとした振袖にあるからだという。

この説を簡単にまとめてみると、次のようになる。当時、娘が亡くなると家族（遺族）は棺にその振袖をかけて見送った。ところが、本妙寺ではその振袖を焼かずに古着屋に売り払っていた。その振袖を買った娘が亡くなると、その家族もまた棺に振袖をかけたが、同寺はまたしても焼かずに売り払った。そんな悪事が三回繰り返されると、さすがに気味が悪くなったのか本妙寺で振袖を焼いて供養しようとした。住職がいわくつきの振袖を燃え上がる火のなかに放り込むと、折からの強風にあおられて振袖は火をつけたまま本堂の上まで舞い上がった。すると、あっという間に火が回ったという。

そこで別名、振袖火事とも呼ばれるようになったが、これはあくまでも俗説である。仮に史実だとしても、火がついた振袖が舞い上がったくらいでは大火にまでならないという指摘もある。つまり、明暦の大火の原因が火のついた振袖という説は誤りなのだ。

おとがめなしだった火元の本妙寺

では、明暦の大火の本当の原因は何なのだろうか。実は、本妙寺から出た火の手は佃島（東京都中央区）まで飛び火したが、海で止まっていたのだ。つまり、江戸の町の大半を焼きつくすような大火ではなかったのである。したがって、もしも本妙寺から出た火事の原因が振袖だったとしても、大火の原因とはいえない。大火の本当の火の元は小石川伝通院前の新鷹匠町《しんたかじょう》（東京都文京区）と麹町七丁目（東京都千代田区）で、ここから新たに出た火が大火となったのである。

では、その二か所の出火原因は何か？　当時、慶安事件で処刑された由比正雪や丸橋忠弥の残党が火を放ったという流言があったが、のちに根拠のない風説として否定されている。有力な説として唱えられているのが幕府仕掛け説だ。

当時、幕閣内で力を誇示していたのは「智恵伊豆」と呼ばれたほど切れ者の老中・松平信綱だった。信綱は江戸の都市計画の責任者だったが、計画が進まず頭を痛めていた。そこへ本妙寺から火が出たという報せがあり、信綱は渡りに舟とばかりに江戸の町を一度きれいに焼きつくすことを考えた。信綱は新鷹匠町と麹町七丁目への放火を命じ、それを隠すために本妙寺にありもしない振袖の怪異譚をつくって世間に広めたというのである。

この説の根拠の一つは、大火後の復興の速さだ。正月二十七日には江戸再生の基礎資料となる「現況詳細絵図」が製作され、江戸城内の御三家の屋敷を移転させ、跡地に馬場や薬草園を置いた。大名・旗本屋敷や寺社・町屋も移転させ、埋め立てによって町人地を拡張。隅田川東岸の市域拡大のため大橋（のちの両国橋）も架けた。このあまりの手際のよさが、幕府仕掛け説の信憑性を高めている。

また、幕府仕掛け説には、さらに根拠がある。江戸時代、火事の火元は改易や移転など処罰されたが、本妙寺には幕府からおとがめがなかった。それどころか、日蓮宗勝劣派《しょうれつは》の触頭《ふれがしら》（寺社奉行のもとで幕命を寺院に下達したり寺院の訴願を幕府に上申したりする仲介機関）に昇格しているのだ。これは火元になったことの代償とみることができるだろう。

しかし、より衝撃的な説もある。田中伸氏の著『庶民の文化――江戸文化と歴史への道標――』（富士書院）によると、大火の本当の火元は本妙寺の南隣りの老中・阿部忠秋の阿部家の下屋敷だというのだ。老中の屋敷が火元とわかれば大事件となるのは必定である。そこで、忠秋が本妙寺に火元になることを懇願したというのだ。しかし、本郷にあったのは忠秋の阿部家ではなく武蔵国岩槻（埼玉県さいたま市）藩（阿部家）の下屋敷だったという指摘もある。今となっては確かな証拠もなく、すべては推測の域を出ないが、大火の背後に幕府、幕閣が関与していたこともまた完全に否定することはできないだろう。

万治三（一六六〇）年――堀田正信改易事件

義民の祟りといわれた大名の改易

松平信綱ら幕閣の失政を批判する

　明暦の大火があった年から三年後の万治三（一六六〇）年十月、下総国佐倉（千葉県佐倉市）藩主・堀田正信《ほったまさのぶ》が改易される事件が起きた。正信の父・正盛《まさもり》は十三歳で将軍・家光に仕え、以来、登用されて老中まで登り詰めた家光第一の側近である。幕閣の中核を担い、家光が亡くなるとこれに殉じている。

　ちなみに、この時代、殉死（追腹《おいばら》とも）が流行し、家光死去の際は正盛だけでなく同じく老中の阿部重次や御側出頭《おそばしゅっとう》の内田正信《うちたまさのぶ》ら重臣がそろって追腹を切っている。殉死の流行は慶長十二（一六〇七）年、家康の四男で尾張国清洲（愛知県清須市）藩主だった松平忠吉《まつだいらただよし》が亡くなったときに家臣の石川主馬《いしかわしゅめ》・稲垣将監《いながきしょうげん》らが追腹を切ったことに始まるという。寛文三（一六六三）年、将軍・家綱は江戸城に諸大名を召して「武家諸法度」を公布した。その際、殉死を禁じる一カ条を申し渡している。

その正盛から家督を継いだのが嫡男の正信である。そんな将軍家の信頼が厚い大名家の家督を継いだ正信が、なぜ改易に至ったのか。それがこの事件の一番の謎である。改易までの経緯を振り返ってみよう。同月八日、江戸在府の正信は突然、保科正之と阿部忠秋に意見書を提出し、上野寛永寺（東京都台東区）に参拝した後、無断で佐倉に帰国してしまった。その意見書には、次のようなことが記されていた。

家光の死後、年々悪いことばかりが起き、天下の人民を勇み立てるようなことは一つもない。その原因は執政（幕閣）の将軍（家綱）に対する補佐の仕方が悪く、施政方針がまちがっているからだ。家光は死を前に家綱に、弓矢の道を怠ることのないようにと遺言した。大名の領地には空地が多いが、他に与えた例は極めて少ない。今、旗本が困窮して侍の心得も維持できないのは、執政が利勘（利害損失の計算）ばかり行い、下々を顧みないからだ。よって、自分の領地を返上するから、これを旗本たちに配分してほしい。

以上が意見書の主旨であり、幕閣の失政批判・旗本の困窮の指摘・その救済のための所領返上を訴えている。これを読み思い起こされるのが、前述の松平定政遁世事件である。正信の意見書提出があの事件の影響を受けていることはまちがいない。そして、意見書を読むかぎり、正信がいっていることは正論のようにも思える。

しかし、意見書を受けた幕閣らの対応は違った。幕閣の中心人物・松平信綱は、正信の行動を〝狂気の沙汰〟と断じた。正之が「将軍（家光）に尽くした加賀（正盛）の嫡子が国のために身を削って諫言したことがなぜ狂気の沙汰というのか」と反論すると、信綱は「狂気であればいくらか救いの道もあるが、本気だとすれば大変なことになる」と答えたという。つまり、もしも正信が本気で幕政を批判し無断で帰国したならば、堀田家一族全員が連座することになるが、狂気であれば正信一人の処罰で済むというわけだ。

協議の結果、正信の行動は〝狂気の沙汰〟とされ、同月十一日、居城からの退去を命ぜられた。翌月、正信は所領を没収され、正信の弟で、信濃国飯田（長野県飯田市）藩主・脇《わき》坂安政《さかやすまさ》に預けられた。しかし、堀田家は取り潰しを免れ、嫡子・正休《まさやす》が廩米《りんまい》（扶持として与えられた俸禄米）一万俵を与えられ、のちに上野国吉井（群馬県高崎市）一万石を賜り、その後、近江国宮川（滋賀県長浜市）に移っている。

「武辺のなかにも偏武の剛勇」といわれた正信

正信改易の原因は幕政批判と無断帰国という狂気の沙汰だという。はたして本当に狂気であったかは疑問だが、ここでは信綱の考えに従うことにしよう。当日、正信は突然、行動を起こしたとされるが、実は父・正盛の殉死以降、正信には不満がたまっていたという。

慶安四年、正盛が殉死した後、嫡男・正信は家督を継ぎ、自分もまた父のように幕閣の中核になるものと期待していた。ところが、信綱はじめ幕閣らは正信を必要としなかった。二十一歳と若いうえに正信には正盛のような器量も才能もなかったのだ。

これを不満とした正信は、ならば将軍の藩屏《はんぺい》（王家を守るもの）になろうとした。正信は「武辺のなかにも偏武の剛勇」といわれた戦国武将を彷彿とさせる典型的な武断派の武士だった。しかし、時代は乱世から泰平の世に移りつつあり、信綱はじめ幕閣首脳は文治派で占められていた。正信の幕政批判の一因はこの信綱ら幕閣の文治主義的な傾向にあった。

そんな武勇の人・正信の憤懣を大きくさせた出来事があった。万治元（一六五八）年、明（中国）の軍人・鄭成功《ていせいこう》が使者を長崎に派遣して、日本に援軍を要請してきたのだ（当時、明は新興の清に攻められていた）。これを聞いた正信は、征清軍の先鋒にならんと意欲を燃やした。というのも、堀田家は新参の譜代家臣で合戦での戦功がなかったからだ。正信は好機到来とばかり幕府に出兵を主張した。しかし、幕府は出兵を拒否し、正信の信綱はじめとする幕閣への不満は爆発寸前になり、前途の意見書提出になったという。

以上見てきたように正信の改易は、自分を過大に評価した正信が、時代に遅れた武断派を気取って暴走し自滅した事件といえる。ところが、この事件には実は大きな伏線があった。それは「義民」として今も語り継がれる佐倉惣五郎《さくらそうごろう》の物語である。

正信の狂気は惣五郎の祟りだった

この物語にも謎が多く、佐倉惣五郎こと木内《きうち》惣五郎（宗五郎、宗吾とも）はかつては架空の人物と考えられていた。しかし、近年の研究によって実在の人物であることがわかっている。生没年については確かなことは不明だが、佐倉に住む農民だった。

佐倉領公津台方村《こうづだいかた》（公津村とも）の名寄帳（土地台帳）に、惣五郎が田畑三町六反（約三万六〇〇〇平米）と屋敷二か所九畝《せ》一〇歩《ぶ》（二八〇坪、約九二四平米）の広さの屋敷をもち、石高（持高）二六石九斗三升の名請《なうけ》農民（年貢・諸役の負担者）だったことが記載されている。また、惣五郎の石高は村で二番目に高く、屋敷の一つは村で最大規模のものだったといわれることから、惣五郎は裕福な名主だったと考えられる。

この佐倉を所領としたのが堀田家で、正盛は信濃国松本（長野県松本市）から佐倉に移ってきた後、年貢やその他の上納もこれまでどおりとした。ところが、正盛のあとを継いだ正信の代になると、藩は年貢や諸役を増やし農民を困窮させるようになった。農民が年貢・諸役の軽減を嘆願しても聞き入れず、また、名主や農民を処罰した。

この正信の苛斂誅求《かれんちゅうきゅう》に耐えられなくなった名主らは協議して江戸の藩邸に訴えることにした。承応二（一六五三）年頃（年代についても不詳）、名主ら三〇〇人余が江戸藩邸を訪れたが、門前払いにされた。その後、老中の久世大和守《くぜやまとのかみ》に直訴（駕籠訴）するが、願書を突き返され、惣五郎はじめ名主六人が将軍への直訴を覚悟した。しかし、惣五郎は農民を代表して一人で将軍・家綱に直訴したという。

この惣五郎の将軍直訴について確かな史料はなく、惣五郎の義民伝説を描いた『地蔵堂《じぞうどう》通夜物語《つやものがたり》』などによって伝えられているだけである。それによると、惣五郎は上野寛永寺に向かう家綱の輿《こし》が下谷《したや》広小路の三前橋《さんまえ》（三枚橋とも）の中央に進んだ際、橋の下から突如現れ竹の先に結び付けた願書を差し出しながら「恐れながら……」と直訴したという。

これにより正信の苛政は明らかになったが、惣五郎は正信の手によって処刑された。幼い四人の子は惣五郎夫婦の目の前で打ち首にされた。その後、惣五郎夫婦が磔になり息絶えると、大勢の見物人が念仏を唱えたという。

そののち、佐倉の領民は祠を立て惣五郎を祀った。そして、正信が改易になると、正信の狂気は残虐な方法で処刑された惣五郎の祟りだと噂したという。この義民・惣五郎の物語がつくられたのは、のちに堀田氏の一族が惣五郎の霊を弔ったことも一因とされている。つまり、正信の領地支配は一族が恐れるほど苛政であったことを物語っているのだ。

正信は所領を没収された後、各地で配所生活を送り、延宝八年五月、将軍・家綱の死去を知ると、家光に殉じた父・正盛同様、家綱に殉じた。

寛文十一（一六七一）年――伊達騒動

大老取調べの場で起きた刃傷事件

不行跡で逼塞を命じられた伊達綱宗

明暦の大火後、幕府は江戸の復興と改造を行い、これまで江戸城内郭にあった御三家の上屋敷を移転させた。これは先の大火の際、御三家の上屋敷が内郭にあったことが城内の延焼を大規模にさせた一因だったことによる。移転後の跡地は吹上御庭《ふきあげおにわ》としたが、これは防火帯の役割をもたせたものだった。

また、区画整理や新たな宅地造成によって江戸の範囲が拡大した。大火前まで江戸の中心部にあった武家地は、屋敷替えや地割を再編して江戸の外縁部に拡散した。それにともない武家屋敷が増え、江戸在府の武士も増えた。さらに、江戸周辺の農村から農民が流入し、江戸の人口は急増した。こうして大火後の人口増大により消費経済が拡大し、江戸の町は発展したが、その一方で江戸の住民の食生活を支えた米が足りなくなった。そのため、関東だけでなく仙台藩（宮城県仙台市）や南部藩（岩手県盛岡市）・秋田藩（秋田県秋田市）など東北の諸藩からも米が送られてくるようになった。

そんな時代の寛文十一（一六七一）年三月、大老・酒井雅楽頭忠清《さかいうたのかみただきよ》邸で取調べを受けていた仙台藩の奉行（家老）・原田甲斐宗輔《はらだかいむねすけ》が対立する伊達《だて》一門の伊達安芸宗重《だてあきむねしげ》を斬殺し、自らも宗重配下の柴田外記朝意《しばたげきとももと》に斬り殺されるという事件が起きた。この事件は前述の黒田騒動・後述の加賀騒動と並び日本三大御家騒動の一つ「伊達騒動」として名高いが、仙台藩では「寛文事件」と称している。

伊達騒動が世間に与えた衝撃は大きく、その後、この騒動を題材にした芝居が上演されたが、その数は三〇を超えた。なかでも天明五（一七八五）年、江戸・結城座で上演された「伽羅先代萩《めいぼくせんだいはぎ》」は多くの観客の涙を誘った。現代でも昭和期の小説家・山本周五郎《やまもとしゅうごろう》の時代小説『樅ノ木は残った』は多くの読者に読まれ、NHKの大河ドラマにもなっている。

しかし、これほど有名な事件であるにもかかわらず、いまだ謎とされているのが事件の真相である。なぜ宗輔は宗重を斬殺したのか。宗輔と宗重はどちらが忠臣でどちらが逆臣なのか。また、事件の背後に幕府あるいは幕閣の関与はなかったのか、などなど謎がつきないのだ。

そこで、まずは騒動の経緯を見ていくことにしよう。騒動の端緒は仙台藩三代藩主・伊《だ》達綱宗《てつなむね》の不行跡にあった。綱宗（幼名、巳之助《みのすけ》）は二代藩主・忠宗《ただむね》の六男で、万治元年、十九歳のときに父が亡くなり、家督を継いだ。六男で家督を継いだのは、実母の貝姫《かいひめ》（忠宗の側室）が綱宗を出産した二年後に亡くなったため、忠宗の正室の養子になったことによる。忠宗は三代将軍・家光に巳之助を後継者として披露し、四代将軍・家綱から一字賜り綱宗と名乗った。

三年二月、仙台藩は幕府から小石川堀の浚渫《しゅんせつ》（堀ざらえ）と土手修復の普請を命じられた。翌月、綱宗は江戸に出府し、六月頃から普請場を見回っていた。ところが、その間隙をぬって綱宗は吉原に頻繁に足を運ぶようになった。綱宗が政務を見ずに大酒を浴びては遊所通いに明け暮れていると、重臣や家臣はこのままでは伊達家がお取り潰しになると危機感を抱いた。

七月、十数人の重臣が綱宗の叔父で伊達一門の実力者・伊達兵部宗勝《だてひょうぶむねかつ》（伊達政宗の十男）と綱宗の姉婿で柳川（福岡県柳川市）藩主・立花忠茂《たちばなただしげ》を通じて、綱宗の隠居と亀千代《かめちよ》（綱宗の嫡男。のちの綱村《つなむら》）の家督相続を幕府に願い出た。翌月、当時、老中の忠清は宗勝や忠茂・仙台藩の重臣らに綱宗の逼塞《ひっそく》を命じ、亀千代が二歳と幼いことから宗勝と綱宗の兄・田村《たむら》右京宗良《うきょうむねよし》を後見役とした。その後、綱宗は二十一歳の若さで身柄を品川下屋敷（東京都品川区）に移されている。

綱宗逼塞を企んだ乗っ取り陰謀説の真偽

以上が三代藩主・綱宗が逼塞し四代藩主・亀千代（綱村）就任までの経緯である。綱宗の逼塞の理由は不行跡とされる。一説に、綱宗は吉原の花魁《おいらん》・二代高尾に入れあげ、高尾を身請けし吊るし斬りにしたというが、これは俗説である。しかし、遊女通いや酒を好んだことは事実のようだ。問題は、はたしてそれが不行跡として逼塞の原因になるのかということである。大名の遊女通いは当時、不行跡とは見なされていなかったともいわれ、幕府が「酒色におぼれた」ことを理由に逼塞を命じるとは思えないという指摘もある。

そこで、古くから唱えられてきたのが「乗っ取り陰謀説」だ。酒色はあくまでも表向きの理由で、本当は仙台藩を乗っ取るために綱宗を逼塞させたという説である。陰謀を企てたのは老中の忠清と一門の実力者・宗勝（伊達兵部）、そして宗勝に加担した宗輔（原田甲斐）。綱宗が大酒を浴びるようになったのも、宗勝が飲酒を勧めたのが原因だという。この陰謀説は、明治四十五（一九一二）年に国語学者・大槻文彦《おおつきふみひこ》によって編集された『伊達騒動実録』で多くの支持を得た。

陰謀説が根拠とするのは『茂庭家記録《もにわけきろく》』だ。茂庭氏は伊達家の家臣で代々重臣の地位にあった。その茂庭氏の歴代当主の記録に、「老中忠清が綱宗の不行跡を理由に仙台藩を分割し、伊達兵部に三〇万石、立花台八《たちばなだいはち》に一五万石、残りを田村右京、片倉小十郎《かたくらこじゅうろう》らに分与する『密計』あり」と記されているという。記述中の「立花台八」とは前述の綱宗の姉婿・立花忠茂の嫡子・立花大助《たちばなだいすけ》と見られている。つまり、この陰謀説には親族大名・忠茂の関与もあったふしがあるのだ。さらに、『茂庭家記録』はその記述のあとに「兵部の子息市正《いちのかみ》が酒井の婿ゆえに、この儀ありと」と続けている。市正とは伊達兵部こと宗勝の嫡男・宗《むね》興《おき》である。

動かぬ証拠もあり、役者も幕府と仙台藩の双方の実力者ということで乗っ取り陰謀説は多くの読者を魅了したにちがいない。しかし、その後、この説を否定する声も出た。確かに忠清の正室は公家の姉小路公景《あねこうじきんかげ》の長女で、市正こと宗興の正室は公景の四女であり、四女が忠清の養女となっていれば宗興婿説は成り立つ。しかし、伝えられる系図によれば宗興の正室は「姉小路大納言公景の女《むすめ》」とあるだけで、忠清の婿とするには無理がある。

また、後西《ごさい》天皇関係説という異説もある。後西天皇は後水尾天皇の子で、母は公家の櫛《くし》笥《げ》隆致《たかむね》の長女・逢春門院《ほうしゅんもんいん》である。そして、綱宗の母・貝姫が隆致の次女であることから天皇と綱宗は従兄弟の関係にあった。当時、幕府は大名が朝廷と密接な関係になることを警戒しており、綱宗が天皇と従兄弟関係にあることを快く思っていなかった。そこで、綱宗の逼塞を講じたというのだ。

しかし、この説については、貝姫の出自に疑念があるという指摘もある。貝姫が櫛笥家から出たとする根拠は、伊達家の姻戚の系図をまとめた「伊達族譜略」巻三にある系図だ。そこに貝姫は隆致の次女として記され、忠宗の側室で綱宗の母、徳生院《とくしょういん》と号したとある。また、姉の隆子は後水尾天皇に仕えて後西天皇を生み、蓬春門院（逢春門院）と号したと記されている。つまり、綱宗と後西天皇は従兄弟関係にあるというわけだ。ところが、京都留守居役の証言記録「大内次兵衛物語」によると、貝姫は忠宗の側室になる際、出自を隠し町人の娘と偽り、死期が迫ったときに初めて侍女に出自を打ち明けたというが、にわかには信じがたい話である。確かなことは不明だが、興味を引く説である。

後見役になった宗勝は逆臣か忠臣か？

乗っ取り陰謀説が流布した理由の一つは、前述の「伽羅先代萩」をはじめとする多くの芝居によって宗勝（伊達兵部）と宗輔（原田甲斐）が「悪役」の逆臣とされたことも大きいだろう。宗勝と宗輔を逆臣とする説によれば、綱宗逼塞後の藩政は宗勝の専制政治だった。幼君・亀千代の後見役として宗勝と宗良（田村右京）の二人が指名された。しかし、宗良は宗勝より十六も年下で温厚な性格、かつ病気がちだったため、時をおかず藩政は宗勝が牛耳ることになった。

寛文元（一六六一）年、宗勝は綱宗時代の筆頭奉行・茂庭周防定元《もにわすおうさだもと》に藩主逼塞の責任を取らせる形で辞職させる（実質的な罷免）と、その定元の責任を追及していた奉行・奥山大学《おくやまだいがく》常辰《つねとき》をも罷免し宗輔を登用。また、渡辺金兵衛《わたなべきんべえ》ら三人の目付を後見役直属として家中の監視・取締りにあたらせた。こうして宗勝の恐怖政治が始まり、寛文十一年までの一〇年間に一二〇人が処罰されたという。また、宗勝には亀千代毒殺未遂の噂まであったのだ。

しかし、この宗勝による藩政を藩主権力確立のための改革の一環だったという見方もある。当時、諸藩の藩主家は戦国大名から近世大名へと移行する段階にあり、家臣（藩士）の知行地を召し上げ蔵米制（俸禄を米穀で受け取る制度）に切り換え、藩主権力の強化をめざしていた。ところが、仙台藩は伝統的に伊達一門・一族の勢力が強く、綱村（亀千代）の時代にも地方知行《じかたちぎょう》制（知行地の年貢徴収権を与えられ農民も支配できる制度）が広く行われ、そのぶん大名家の蔵入地が少なかった。しかし、幕府から命じられる軍役は石高に応じて負担するため、前述の江戸・小石川堀の普請も仙台藩には大きな負担になっていた。

また、藩財政も逼迫しており、仙台藩は買米仕法《かいまいしほう》（農民から年貢以外の自家消費米を買い取り江戸に売る方法）によって米を江戸に売っていた。前述したように、明暦の大火後、江戸は米が足りなくなった。そこで、江戸には仙台藩からも米が送られてくるようになった。ところが、仙台藩は買い取りのための資金（前渡金）が綱村就任時には底をついていた。そこで宗勝は新田開発を奨励し、新田の造成に成功したという。

忠臣も逆臣もいなかった家中の権力闘争

　宗勝が逆臣だったのか、それとも伊達家存続のために尽力した忠臣だったのか、確かなところは不明だが、その後、宗勝は反対派勢力と衝突することになる。寛文五（一六六五）年に始まった谷地《やち》（野谷地《のやち》。未開発の原野や湿地帯）の境界をめぐる争いである。宗勝の専横に反対し反主流派の先頭に立つ宗重（伊達安芸）と、主流派の伊達《だて》式部《しきぶ》宗倫《むねとも》（二代藩主・忠宗の子）との間に隣接する谷地をめぐって紛争が起こった。

　このときは宗重が幼少の藩主を思って譲歩したが、二年後、両者の間で別の境界をめぐって紛争が起こると、事態は大老の忠清の耳にまで達した。その結果、両後見人は忠清の内意を受けて裁定を下したが、その内容は宗重に不利なものだった。

　これに憤った宗重は、十年、宗勝らによる悪政を幕府に訴えた。訴状には、宗勝が後見役になってから悪人を使って奉行を退け四民が安堵していないことをはじめ、悪政の数々が列記され、宗勝が改心して家中安堵できるよう取りはからわれたいと書かれていた。

　こうして、伊達騒動は江戸の忠清邸で取調べとなったが、前述したように、その場は宗輔や朝意（柴田外記）、酒井家家臣らが斬り合う修羅場となったのである。この一連の騒動で宗重は後世、宗勝や宗輔の悪政を糾弾するため幕府に訴え出て、不運にも斬殺された悲劇のヒーローとして、また伊達家を守るために宗勝らに立ち向かった忠臣として伝えられた。しかし、別の見方をすれば、御家騒動はお取り潰しの重大事由であり、それをわざわざ幕府に訴え出たことは御家の存続を危うくする反逆行為だともいえる。

一方、宗輔は宗勝の下で藩政改革を推進し、忠清邸では御家存続のために乱心を装って宗重を斬殺し、取調べを不能にした忠臣ともいわれた。しかし、一説に宗輔が宗重を斬殺したのは、口封じのためというが、ほとんど取調べは終わっていたという。また、宗輔はけっして有能な人物ではなく平凡でひたすら宗勝の指示に従うだけの人物だったとも伝えられている。宗重の斬殺も他意あってのことではなく、もはや言い逃れができなくなった宗輔が興奮状態になり、憎き宗重に襲いかかったという見方もある。結局、この事件の真相は、根っからの忠臣も逆臣もいなかった家中で起きた権力闘争にすぎなかったのだ。

事件後、取調べに出頭しなかった宗勝は土佐（高知県）藩山内家にお預けとなり、綱村のもう一人の後見人・宗良は閉門となった。また、宗輔の子息四人は切腹を命じられ原田家は断絶した。そして、綱村（十三歳）は幼いということで改易を免れ、仙台藩伊達家六二万石は安泰だった。その後、後見を廃した綱村は藩政の確立に努め、藩主権力を強化した。

延宝八（一六八〇）年——酒井忠清罷免事件

綱吉に恨まれた下馬将軍の運命

家綱政権で専横を振るった忠清

家綱政権の前半は、酒井忠勝や松平信綱・阿部忠秋・保科正之ら幕閣による集団指導体制によって幕政は安定していた。しかし、寛文二（一六六二）年に忠勝と信綱が死去し、六（一六六六）年、忠秋が辞職。九（一六六九）年、正之が隠居すると、大老の酒井忠清が政権運営の中心的存在となり、家綱政権の後半は忠清に権力が集中した。

忠清は自邸が江戸城大手門外の下馬札《げばふだ》の前にあったことから「下馬将軍」と称された。将軍・家綱は「左様せい様」と揶揄されたように、忠清はじめ老中・若年寄らから伺いがあっても「左様《さよう》いたせ」としか答えなかった。それをいいことに、忠清は独裁者のように権勢を誇り、周囲からは将軍のように見えたという。

ところが、延宝八（一六八〇）年、家綱が死去し徳川綱吉《とくがわつなよし》が五代将軍になると、同年九月、忠清は罷免された。その理由は「病身ゆえゆっくり養生せよ」というものだった。しかし、これが本当の罷免理由とは思われていない。なぜ幕政の最高権力者にまで登り詰めた忠清は綱吉に罷免されたのか、それがこの事件の謎である。

寛文六年、忠清は忠秋が辞職した日に大老に就任したが、忠秋の辞職には不可解なところがあった。その日、忠清は忠秋邸を訪れ、将軍の仰せであるといって病気を理由に辞職を勧告した。しかし、当時の忠秋は政務が困難というほどの病身ではなかったという。その後、老中を辞した忠秋は、忠清が幕政をほしいままにするのを見て、あるとき忠清を自邸に呼んだ。そして、「最近、貴殿の驕りがはなはだしいので、世間では下馬将軍と呼んでいる。これでは将軍が二人いるようだ」と非難した。また、諸大名や小身者の饗応に出向くことを慎むよう忠告したという。忠秋は忠清に意見できる貴重な存在だったのだ。しかし、延宝三（一六七五）年、忠秋が死去すると忠清の専横ぶりはますます度を増した。

家綱の弟（綱吉の兄）で甲府城主・徳川綱重《とくがわつなしげ》との関係でも、忠清には黒い疑惑が指摘されている。明暦の大火以降も江戸では火災が頻繁に発生し、大名屋敷も焼けて多くの諸大名は財政難に陥っていた。当時来日していたドイツ人医師で博物学者・旅行家のエンゲルベルト・ケンペルによると、財政に困窮した綱重は家綱に所領の加増を願い出て、家綱の了承を得た。ところが、その後、忠清の反対によって加増はならなかった。すると、綱重はこのことが世間に露呈することをおそれ、かつ、兄・家綱の将軍としての権威が揺らぐことを避けるため自害したという。また、綱吉・家宣《いえのぶ》（六代将軍）・家継《いえつぐ》（七代将軍）の治世を記した歴史書『三王外記《さんのうがいき》』には加増を願い出た綱重に忠清が自殺を勧めたと記されており、いずれにしても綱重の死に忠清が関与した可能性が高いのである。

綱吉の将軍就任に待ったをかけた忠清

五代将軍・綱吉が忠清を罷免した理由の一つと考えられているのが、綱吉の将軍就任時の出来事だ。延宝八年四月、家綱の病が重くなり、翌月には危篤状態となった。家綱には子がなく、にわかに将軍継嗣問題がわき起こった。とはいえ、前述したように最有力候補だった兄の綱重が亡くなっており、次期将軍は綱吉で決まるかに思えた。

ところが、幕閣らが協議した際、忠清は綱吉に天下を治める器量がないことを理由に、京都から有栖川宮幸仁親王《ありすがわのみやゆきひと》を迎えることを提議したのだ。一説に、当時、家綱には懐妊中の側室がおり、忠清はその出産を見極めるまでの暫定措置として宮将軍を迎えようとしたという。忠清と幸仁親王の間には親密な関係があった。有栖川宮家を継いだ幸仁親王は、その挨拶のために江戸に下り忠清邸を訪れ、忠清もまた親王を表敬訪問しており、忠清が宮将軍の実現を画策したと見られている。

鎌倉幕府の将軍が源家三代で途絶えた後、宮将軍が実現したが、それは形だけのもので北条氏が幕政を運営した。同様に、忠清は江戸幕府を徳川家四代で終わらせ、その後、宮将軍を擁立し酒井氏が実権を握ろうとしたとも考えられるのだ。しかし、忠清の宮将軍擁立の提議は老中・堀田正俊《ほったまさとし》（堀田正盛の三男で堀田正信の弟）に反対され、正俊の「綱吉を迎えるべき」という主張に居並ぶ幕閣らが服したことで没となった。綱吉はこの一件が原因で忠清を激しく恨んだという。

しかし、綱吉の忠清への恨みはそれ以前からあったともいわれている。前述の綱重の死をめぐり忠清の関与が噂されると、綱吉は家綱の姉・千代姫《ちよひめ》とともに激怒し、忠清への復讐を心に誓ったという指摘がある。あるいはまた、忠清の罷免は綱吉の私憤によるものでなく、諸大名が困窮するさなかに奢侈を誇った忠清の悪政が原因だったとする説もある。

忠清罷免の謎を解く鍵は、綱吉の性格にある。綱吉（幼名、徳松《とくまつ》）は幼いときから学問好きで明敏だった。しかし、父・家光は徳松がその才気が禍を生じることを危惧していた。つまり、綱吉は学究肌で、妥協を許さず善悪をとことん追及する執念深い性格だったのだ。そのため綱吉は、忠清を罷免した後も、執拗に忠清を追い詰めている。一か月後には、忠清の屋敷を没収した。その約四か月後、忠清は失意のうちに亡くなるが、前述のケンペルによると、綱吉が忠清の屋敷に食料を運び込むことを禁じたため自害したという。

貞享元(一六八四)年――堀田正俊刺殺事件

江戸城中で起きた大老殺害事件

越後騒動の再審を命じた新将軍・綱吉

酒井忠清を罷免した将軍・綱吉は老中・堀田正俊を重用し、翌年、正俊を大老に任じた。綱吉が正俊を重用したのは、前述したように将軍継嗣問題が起きた際、正俊が綱吉を推したことが原因であることはいうまでもない。綱吉は正俊の補佐を得て、善政の見本とされる文治政治「天和の治」を行い、二人の関係は良好だった。

ところが、貞享元(一六八四)年八月二十八日、江戸城本丸御殿で正俊は若年寄・稲葉正《いなばまさ》休《やす》に刺殺されるという衝撃的な事件が起きた。加害者の正休もその場で斬り殺されたため、正休の動機は明らかにされておらず、その後、刃傷《にんじょう》の原因について諸説唱えられている。はたして正休の動機は何だったのか、逆にいえば正俊はなぜ殺害されたのか。この事件もまた謎の事件として語り継がれている。

この謎を解くために忠清罷免後の綱吉の治政を振り返ってみよう。将軍就任後、綱吉が裁定した事件として特筆されるのが、「越後騒動」の再審である。延宝七（一六七九）年、綱吉が将軍に就任する前年、越後国高田（新潟県上越市）藩で藩主・越前松平家の継嗣をめぐる御家騒動があった。藩主・松平光長《まつだいらみつなが》に嗣子がなかったため、光長の異母弟・永見大蔵《ながみおおくら》一派と家老・小栗美作《おぐりみまさか》一派が対立した。大蔵一派は美作の排斥を幕府に訴えたが、将軍・家綱は美作勝訴の判決を下した。

これにて一件落着かと思われたが、新将軍・綱吉は事件の再審を命じ、天和元（一六八一）年六月二十一日、城中大広間で大蔵側と美作側の両者から言い分を聞いた。やがて、御三家以下諸大名が居並ぶなか、「これにて決案す。はやまかり立て！」と大声で命じ、座の者は誰もが恐れおののいたという。翌日、判決が下され、美作父子は切腹、大蔵らは八丈島へ流罪となった。二十六日、藩主・光長は改易となり、当初事件を裁判した大目付・渡《わた》辺綱貞《なべつなさだ》も八丈島へ流罪となった。

綱吉の裁定はこれだけにとどまらなかった。松平家の分家、播磨国姫路（兵庫県姫路市）藩主・松平直矩《まつだいらなおのり》と出雲国広瀬（島根県安来市）藩主・松平近栄《まつだいらちかひで》も閉門を命じられた。さらに翌年、直矩は一五万石を七万石に削られ、豊後国日田（大分県日田市）に移され、近栄も三万石を一万五〇〇〇石に削られた。

恐怖政治のなかで起きた刺殺事件

なぜ綱吉は一件落着したはずの越後騒動の再審を命じたのだろうか。実は、その理由は最初の判決に忠清が関係していたからだという。最初の判決の後、敗訴した大蔵一派は「美作一派が忠清に取り入った結果だ」と主張した。そして、判決後、藩内は美作が牛耳り、約一〇〇人もの家臣が越前松平家を去った。

新将軍・綱吉は全国に巡見使を派遣し諸藩の実情を把握しようとしたが、すると高田藩の領民が美作の虐政を巡見使に訴えた。そこで、綱吉は忠清と美作の癒着による不正を見直すことにしたのだ。執念深い性格の綱吉にとって、忠清の不正は死んだ後でも許せないものだったのだろう。

この越後騒動の裁定が綱吉の恐怖政治の皮切りだった。同年十一月、上野国沼田（群馬県沼田市）藩主・真田信利《さなだのぶとし》が領民に苦しい使役をさせたとして改易となり、翌年二月には明石（兵庫県明石市）藩六万石の藩主・本多正利《ほんだまさとし》、遠江国横須賀（静岡県掛川市）藩五万石の藩主・本多利長《ほんだとしなが》が所領を没収され、代わりにそれぞれ新規に一万石ずつ与えられた。所領没収の理由は、領内の統治と幕府の巡見使が通過したときの作法が悪い、というものだった。

また、同年三月に不正代官を処罰して以降、多数の代官・元代官を処している。これらの一連の厳罰主義が、綱吉の不正を許さない執念深い性格によるものであることは否定できないだろう。

そして、堀田正俊刺殺事件は、この綱吉の恐怖政治のなかで勃発した。事件のあった当日は諸大名が将軍に謁見する定例の日で、朝から江戸在府の大名が続々と登城していた。五つ（午前八時頃）を過ぎた頃、正俊は登城し、本丸の奥にある御用部屋に入った。するとまもなく、稲葉正休が部屋の外から「御用これあり」と声をかけた。正俊が何事かと廊下に出ると、正休に脇指で脇腹を刺されたのだ。

正俊がうめき声を上げると、老中の大久保忠朝《おおくぼただとも》はじめ同じく老中の阿部正武《あべまさたけ》・戸田忠昌《とだただまさ》、若年寄の秋元喬知《あきもとたかとも》・牧野成時《まきのなりとき》らが駆け付け、次々と正休に斬りつけた。正休はその場で絶命し、正俊は自邸に運ばれ治療を受けたが、九つ（正午）過ぎに死去した。事件は発狂による犯行とされ、稲葉家は改易となったのである。

綱吉の君命に従った正休の犯行か

正休の犯行の動機については、これまでに諸説いわれてきた。一説に綱吉に重用された正俊が権勢を誇るようになり、正休が正俊を諫めたが聞き入れられず犯行に及んだという。また、正俊は加賀藩の前田家と結び、謀反を企てていたともいわれた。正俊に仕えていた新井白石《あらいはくせき》によると、淀川治水をめぐって工事計画の責任者だった正休が自分の意見を採用するよう正俊に求めたが、聞き入れられなかったため翌日、事件を起こしたという。

このように正休の犯行の動機については、私怨とも公憤ともいわれ定かでない。はたして正休の動機は何だったのだろうか。さらに謎を解くために、この事件の背後に別の人物がいたと考えると、事件は違った様相を帯びてくる。その別の人物として考えられるのは正俊以外の幕閣か、あるいはその幕閣を動かした将軍・綱吉である。実際、事件後には綱吉が正休を使って正俊を抹殺したという噂もあったと伝えられている。

そこで、当時の正俊と綱吉の関係を見直してみると、実は二人の関係はかつてほど良好ではなかった。将軍の補佐役を自認し何かと口を出す正俊を、綱吉は疎んじ始めていたというのだ。犯行後の正休は暴れることもなく無抵抗で、駆けつけた老中らが取り押さえることもできた。しかし、老中らが束になって斬りつけたのは、綱吉から口封じを命じられていたからと考えれば納得がいく。

問題はなぜ正休は綱吉あるいは幕閣の君命や幕命に従ったのかということだ。おそらく前述したような正休の私怨や公憤に火を付け、忠義を果たすよう嘆願したのではないだろうか。正休も忠義に燃え、犯行を引き受けたが、まさか口封じされるとは思っていなかったにちがいない。ちなみに、事件後、多くの大名らが正俊邸へ見舞いに訪れるのを尻目に、常陸国水戸（茨城県水戸市）藩主・徳川光圀《とくがわみつくに》はあえて正休邸を弔問するために出向いている。光圀は綱吉や当時の幕閣に批判的で、事件の真相について何か察するところがあったのだろうか。

正俊の死後、綱吉は大老を置かず、老中に諮ることなく自ら政治を執りしきるようになった。これにより老中の権限は縮小され、綱吉は専制君主となっていく。その綱吉が大老や老中に代わって重用したのが、牧野成貞《まきのなりさだ》や柳沢保明《やなぎさわやすあき》（のちの吉保《よしやす》）らの寵臣だ。綱吉は彼らを重用し側用人《そばようにん》政治を行うが、治政は次第に乱れていく。

綱吉が成貞や保明ら側用人を重用したのは、正俊刺殺事件が一因だったともいわれる。というのは、それまで御用部屋は将軍の部屋に近いところにあったが、事件後、将軍の安全を考慮し別の場所へ遠ざけられた。これによって綱吉と老中との距離は遠くなり、そのぶん綱吉の側に仕える側用人の権限が大きくなっていったというのである。

正俊死後の綱吉の行状を見ればわかるように、綱吉が本来めざしていたのは専制君主による独裁政治である。綱吉にとって正俊のような大きな権力を持つ重臣は必要なかった。それどころか、邪魔者以外の何者でもなかったのだ。綱吉が本来めざしていた将軍としてのあり方をいつ頃から意識し出したか定かでないが、正俊が刺殺されたことで善政とされた天和の治は終焉し、綱吉の専制政治が幕を開けたのである。

第3章

幕府衰退期の謎の事件

元禄十四（一七〇一）年——赤穂事件

江戸史上最も有名な仇討ち事件

松之廊下での刃傷をめぐる諸説

堀田正俊刺殺事件から十七年後、綱吉《つなよし》政権時代、最大の事件が勃発した。元禄十四（一七〇一）年三月十四日、江戸城松之廊下で播磨国赤穂（兵庫県赤穂市）藩主・浅野内匠頭長矩《あさのたくみのかみながのり》が高家《こうけ》筆頭・吉良上野介義央《きらこうずのすけよしなか》（義央《よしひさ》とも）を斬りつけた「赤穂事件」である。この事件の発端から結末までは赤穂義士の物語「忠臣蔵」として語り継がれ、今でも毎年、十二月が近づくと映画やテレビ番組で目にすることが多い。

しかし、日本国民の誰もが知るような事件でありながら討入りまでの経緯に関してはいくつもの謎を抱え、その解釈によって「忠臣蔵」のストーリーはいかようにも変わってくる。そこで本項では、なぜ長矩は刃傷《にんじょう》に及んだのか（刃傷の原因）、なぜ長矩は即日切腹となったのか（綱吉の裁定）、なぜ幕府は討入りを阻止できなかったのか（幕府の関与）についてその謎を追い求めてみたい。

まず、赤穂事件の発端となった松之廊下での刃傷について振り返ってみよう。当日、正午近く、松之廊下で義央は大奥の留守居番・梶川与惣兵衛頼照《かじかわよそべえよりてる》と立ち話をしていた。すると、義央の背後から長矩が「この間の遺恨覚えたるか」と声をかけ、小刀《ちいさがたな》で斬りつけた。義央が振り向き、小刀は烏帽子《えぼし》に二度あたったが、すぐに頼照が長矩に組みついた。まもなく、大勢の人が駆けつけ、長矩は取り押さえられたという。

この刃傷の原因については従来、長矩の遺恨によるものといわれてきた。当日は綱吉が江戸に下向した朝廷からの勅使・院使と面会する日で、長矩が御馳走役《ごちそうやく》(勅使を饗応する役)で義央が長矩の指導役だった。ところが、義央は長矩の付け届け(賄賂)が少ないことから、きちんと指導をせず、長矩は義央から数々の意地悪をされ恥をかかされた。長矩がこれらのことを恨んだのが原因といわれた(賄賂拒否説)。また、賄賂拒否説から派生した、長矩が義央に払おうとした謝礼金の額が少なかったため、義央に種々の意地悪をされ恥をかかされたことが原因、という吝嗇説《りんしょくせつ》もある。

他にも長矩の癇癪《かんしゃく》もちで怒りっぽい性格が原因とする性格説や、長矩には痞《つかえ》(胸が塞《ふさ》がれる病)という持病があり、当日、その症状が重くなったとする持病説、長矩はもともと精神を病んでおり、当日、突発的に発作が生じたとする乱心説、長矩と義央は年齢差もあり、相性が合わず不仲だったとする不仲説、長矩が赤穂の塩田技術を義央に伝授しなかったことで二人の関係が悪化したとする塩田説などが説かれてきた。

長矩を刃傷に及ばせた義央への遺恨とは

長矩の刃傷の原因をめぐる以上の諸説のうち、通説とされてきた賄賂拒否説や吝嗇説などの根拠の一つは、長矩が頼照ほか大勢にとり押さえられたとき「上野介（義央）にはこの間中《あいだじゅう》、意趣《いしゅ》（人を恨む気持ち）があり、殿中でもあり、今日のことなど恐れ入りますが、やむをえず討ち果たしました」と高い声で何度も叫んだことにある。長矩の刃傷は意趣返しであり、その意趣とは義央から意地悪をされて恥をかかされたことだという。

しかし、この説には疑問が呈されている。実は長矩にとって御馳走役は初めてではなかった。十八年前にも御馳走役を務めており、一通りのことは知っていたはずなのだ。また、もしも御馳走役に粗相があればその責任は指導役にも及ぶ。義央が指導に手を抜くとは思えない。さらに、当時、御馳走役を任命された大名は指導を受ける謝礼金として、前もって高家に付け届けをするのが「礼儀」だったといわれている。

その他、性格説や持病説、塩田説にも難点があり、有力視されたのが乱心説である。その根拠は長矩が義央の烏帽子に斬りつけたことだ。武士が小刀で相手を殺す気になれば、体を突き刺すのが常識で、鉄の輪の入った烏帽子に斬りつけることはないという。刃傷の後、長矩は蘇鉄《そてつ》の間の隅で目付の多門《おかど》伝八郎《でんはちろう》重共《しげとも》らから取調べを受けた。一方、義央も蘇鉄の間の北の隅で事情を聴取された。そこで義央は、事件は長矩の乱心によるものだと訴えている。

ところが、長矩は「私の遺恨これあり。一己《いっこ》の宿意（かねてからの恨み）をもって前後を忘れ、討ち果たそうとして刃傷に及びました」と、乱心ではないことを明言したのだ。そこで、大目付・仙石丹波守《せんごくたんばのかみ》が義央に「かねて意趣を持たれる覚えはあるか」と問うと、「そんな覚えはない」と否定した。これは当然で、「覚えがある」と答えれば、義央は自分にも落ち度があったことを認めることになるので、否定するしかなかったのだ。

長矩の刃傷の原因は、やはり遺恨にあったと考えるのが自然だろう。義央は否定したが、長矩には忘れることのできない意趣があった。長矩の家臣の一人・堀部弥兵衛《ほりべやへえ》がのこした『堀部弥兵衛金丸私記《ほりべやへえあきざねしき》』によると、義央は伝奏《てんそう》屋敷（勅使・院使の宿館）でいろいろと長矩のことを悪くいったが、長矩は御馳走役という立場をわきまえ堪えていた。ところが、殿中において諸人の前で「武士道が立たないようなひどい悪口」をいわれ、このままにしておけば後世までの恥辱と思い斬り付けた、という。その悪口がどのようなものだったのか明らかでないが、長矩にとって武士の面子《めんつ》を潰されるほど許せないものだったにちがいない。

殿中を血で穢した長矩に対する綱吉の怒り

長矩の取調べと義央の事情聴取が終わり、幕府の裁定があった。長矩は陸奥国一関《いちのせき》（岩手県一関市）藩主・田村《たむら》右《う》京大《きょうのだい》夫《ぶ》建顕《たてあき》にお預けのうえ、切腹。義央は「御場所をわきまえ、手向かいを致さず神妙の至り」としておとがめなし。「大切に保養せよ」と将軍・綱吉から傷の心配までされた。その後、長矩は江戸の田村邸の庭で切腹して果てた。これにより赤穂藩五万三〇〇〇石は没収され、浅野家はお取り潰しとなった。

中世以来、武家社会では喧嘩両成敗が原則だったが、赤穂事件では成敗されたのは長矩だけだった。この裁定に世間は納得がいかず、長矩への同情が高まった。批判の矛先は幕府から義央へ向いていき、のちに赤穂浪士による吉良邸討入りを期待する機運が盛り上がっていく。なぜ幕府の裁定は喧嘩両成敗ではなかったのだろうか。心情的には長矩だけが処罰されたのは不公平に思えるが、よくよく見直してみると、松之廊下での刃傷は喧嘩になっていなかったのだ。喧嘩は双方が刀を抜くとか攻撃するとかによって成立するが、この事件では長矩が一方的に斬りつけ、義央はひたすら逃げようとしただけで刀を抜いて反撃することはなかった。したがって、幕府は喧嘩とは見なさなかったのだが、世間には不公平な裁定に思えたにちがいない。

それ以上に謎なのが、なぜ長矩は即日切腹となったのかだ。江戸時代、赤穂事件や堀田正俊刺殺事件のような殿中での刃傷事件は九件あった。そのうちの五件の加害者が切腹となったが、被害者が生存しているのに即日切腹させられたのは長矩だけである。目付の重共も抗議したように、あまりに性急な感は否めない。なぜ幕府は長矩の切腹を急いだのだろうか。

実は、この赤穂事件に対する幕府の厳しい処分には、綱吉の「穢《けが》れ」に対する思想が大きく関係していた。綱吉が「生類憐みの令」を発令したのは、血の穢れや死穢《しえ》を忌み嫌ったことによるという。綱吉の将軍就任時の江戸は、市中に野犬が野放しになり、市民を襲ったり捨て子を食い殺したりした。その野犬も「かぶき者」と呼ばれた無頼者に斬られたり食われたりした。そこで、綱吉は江戸の町を血で穢さないために「生類憐みの令」を発令したのだ。その綱吉にとって三月十四日の勅使・院使を迎える儀式はきわめて重要なものであり、当日、殿中を血で穢した長矩の行為は厳罰に値するものだったのである。

一説に、長矩の刃傷の原因が乱心だったら、減刑によって切腹を免れた可能性があるという。しかし、綱吉の怒りは殿中を血で穢したことにあり、乱心であっても厳刑は免れなかったのではないだろうか。見方を変えれば、時の将軍が綱吉でなかったら、切腹を免れていたかもしれないのである。

幕府は討入りの計画を知っていたのか

長矩の切腹後、浅野家は赤穂城を幕府に明け渡し、赤穂藩士は散り散りとなった。しかし、元禄十五（一七〇二）年十二月十四日、大石内蔵助良雄《おおいしくらのすけよしお》ら赤穂四十七士は本所（東京都墨田区）に入り、翌十五日の明け方、吉良邸に向かった。吉良邸に討ち入った四十七士は義央の首を落とし、見事本懐を遂げた。この討入りが「忠臣蔵」のクライマックスだが、討入りは多数の暴徒による犯罪だ。そんな重大な犯罪を阻止できなかったことは幕府の大きな失態といえる。なぜ幕府は討入りを阻止できなかったのだろうか。

これまでの「忠臣蔵」のストーリーでは、討入りは幕府に気づかれないよう秘密裏に行われた、とすることが多い。しかし、当時の幕府は全国に情報網をもっており、諸藩の動きを十分に把握していた。赤穂浪士の仇討《あだう》ちは江戸庶民の間でも噂になっていた。幕府にとって「寝耳に水」のことだったとは考えられない。幕府は赤穂浪士による討入りを事前に察知していたはずである。それでも阻止できなかったのは「できなかった」のではなく「しなかった」のだ。つまり、幕府は赤穂浪士による討入りを黙認したのである。

その理由は、長矩への同情の高まりにあった。長矩切腹後、長矩に同情する声が日増しに大きくなり、それとともに綱吉の不公平な裁判に対する批判も高まった。そして、江戸庶民だけでなく多くの人々が赤穂浪士の仇討ちを期待するようになったのだ。すると、世間の動向を無視できなくなった幕府は、義央に鍛冶橋《かじばし》（東京都千代田区）の吉良邸を本所へ移すよう屋敷替えを命じた。その結果、赤穂浪士にとって江戸城郭内の鍛冶橋では討入りは困難だったが、周囲に大名屋敷のない本所であれば討入りは可能になった。つまり、この屋敷替えの幕命は、幕府が世論の幕政批判をかわすために、江戸の民衆が期待する赤穂浪士の討入りを後押しするものだったのである。

また、良雄（大石内蔵助）が花岳寺《かがくじ》（赤穂市）の住職に宛てた手紙には、良雄らが江戸に入ったことについて「老中の耳にも達しているはずですが、公儀からは何の干渉もありません。討ち入るまで、このまま見逃してくれるようです」と記していた。さらに、義央の子・上杉綱憲《うえすぎつなのり》は吉良邸討入りの急報に接すると助勢のために出陣しようとしたが、高家の畠山《はたけやま》義寧《よしやす》から「兇徒は公儀が成敗するので、討手を出すことは控えるように」という老中の指示を伝えられたという。

結局、四十七士の吉良邸討入りは幕府黙認の仇討ちだった。おとがめがなかった義央は、その後の世論の影響を受けて幕府から見捨てられ、結果的に赤穂浪士だけでなく幕府まで敵に回すことになったのだ。討入りの黙認は綱吉の不公平な裁定によってわき上がった幕政批判を、赤穂浪士の討入りでかわそうとした幕閣らの苦肉の策だったのである。

正徳二（一七一二）年――荻原重秀罷免事件

貨幣改鋳を行った財務のエキスパート

重秀が献策した貨幣改鋳策の弊害

宝永六（一七〇九）年一月十日、綱吉《つなよし》が死去した。四月、間部詮房《まなべあきふさ》が老中格の側用人となり、五月、徳川綱重《とくがわつなしげ》の長男・家宣《いえのぶ》が第六代将軍に就任した。六月、柳沢吉保《やなぎさわよしやす》が側用人を辞任。十一月、新井白石《あらいはくせき》が本丸御殿中之口に部屋を与えられた。綱吉の死後、政権は綱吉―吉保体制から家宣―詮房・白石体制へと一気に転換していく。

その新政権が発足した三年後の正徳二（一七一二）年九月十一日、勘定奉行の荻原重秀《おぎわらしげひで》が罷免された（荻原重秀罷免事件）。重秀は綱吉政権下の元禄九（一六九六）年に勘定奉行に昇進し、政権後半の幕府の財政を一人で切り回した財務のエキスパートである。いわば幕府の屋台骨であり、その罷免は幕政運営にも支障をきたす重大な事件である。なぜ重秀は罷免されたのだろうか。

伝えられる重秀の評判は良くない。世に悪名が高い貨幣改鋳策を行った人物として語り継がれている。重秀が勘定奉行に任命される以前、四代将軍・家綱《いえつな》の時代から幕府の財政は逼迫していた。それが、綱吉の時代になると、さらに悪化した。当時の幕府の歳入は年約七七万両といわれたが、綱吉が亡くなる一年前、宝永五（一七〇八）年の幕府の歳出は約一四〇万両にも達していた。

また、かつて大久保長安《おおくぼながやす》が家康を喜ばせた金銀の採掘量も寛永年間（一六二四〜四四年）には激減し、四〇〇万〜五〇〇万両の採掘があった佐渡の金は、寛永六（一六二九）年には上納がなくなった。銀も元禄の頃には採掘量が著しく減っていた。さらに、海外への金銀の流出も多く、国内に流通する貨幣が不足する状況にあった。

そんななか、重秀が上申した〝妙案〟が貨幣改鋳策だ。厳密にいえば、提案したのは金座の者で、それを当時、勘定吟味役《かんじょうぎんみやく》だった重秀が採用し、老中に上申したものである。貨幣改鋳策とは貨幣を鋳造し直すことだが、重秀が献策したのは金貨の質を下げて量を増すというものだった。幕府はこの献策を容認し、元禄八（一六九五）年、これまでの慶長小判（純度約八四％）と重さも大きさも同じ新しい小判（元禄小判。純度約五七％）と、新しい銀貨（元禄銀。慶長銀の純度約八〇％に対して純度約六四％）の改鋳を行った。

改鋳後、幕府は良貨の慶長小判や慶長銀を回収するため、古金銀（慶長金銀）を新金銀（元禄金銀）に引き替えるよう命じた。また、宝永三（一七〇六）年には元禄銀を改鋳して純度五〇％という質の低い銀貨や、実際の重さは寛永通宝（銭貨）五枚分しかない（五文の価値しかない）一枚一〇文という大型の銅銭をつくった。

これらの貨幣改鋳策によって幕府は良貨を回収し大きな利益を得たが、貨幣価値は下がり、金銀の交換基準が乱れて健全な流通ができなくなった。物価は上昇しインフレとなって庶民の生活は苦しくなり、貨幣改鋳は幕府の悪政として後世にまで伝えられた。

そもそもの原因は家綱・綱吉政権の放漫財政

綱吉の死後も重秀は財務のエキスパートとして幕府の財政を一手ににぎっていた。しかし、この重秀の施策、とくに貨幣改鋳策に噛みついたのが、家宣政権で重用された白石だった。白石は「重秀が幕府の財政を担当するようになってから、家康以来の良法はどれも守られなくなり、民が怨み苦しむようなった」と非難し、正徳二年三月から九月までに三度、幕府に重秀の罷免を求める意見書（弾劾書）を提出した。

ところが、当初、意見書を受け取った家宣も詮房も、財政については重秀に一任し白石の進言に耳を傾けることはなかった。三月に意見書を提出した際には、家宣は重秀を許して「才のある者は徳がなく、徳がある者は才がない。真の人材は本当に得がたい。目下のところ、国家の財政をつかさどらせる適当な人がいない」といって白石の要求を退けたという。

しかし、九月十日、白石が詮房に三度目の意見書を提出すると、翌日、ついに重秀は罷免となった。白石は意見書のなかで重秀を「共に天を戴かざるの仇」と記し、重秀の悪事として貨幣改鋳だけでなく綱吉時代には吉保の、また家宣時代には詮房の権勢を利用して専横を振るったことを弾劾した。家宣や詮房に重秀の罷免を決断させたのは、重秀の専横となると家宣や詮房にも少なからず責任が及ぶことになるからだ。

翌年九月、重秀は没した。江戸史上にのこる財務のエキスパートは悪名をのこしてこの世を去ったが、そもそも重秀が貨幣改鋳を執行しなければならなかった原因は幕府財政の逼迫である。そして、その原因をつくったのは家綱・綱吉時代の財政の放漫にほかならない。

近年、重秀の貨幣改鋳策に対する評価が見直され、重秀の評価も改められつつあるという。日本を含め現代の先進国の経済政策では、物価上昇・インフレは必ずしも世の中にとって悪いことと考えられていない。むしろ、物価下落・デフレのほうが問題になることが多い。貨幣改鋳によって物価上昇・インフレを招いたことは事実だが、富裕層が蓄えた富が目減りし、富が消費に回ったことで、元禄文化という文化史上にのこる華麗な文化が創出されたこともまた事実である。

正徳四（一七一四）年――絵島生島事件

大奥の派閥抗争の犠牲になった年寄

大奥・年寄の乱行が大事件に発展する

勘定奉行・荻原重秀が罷免された翌月、正徳二年十月、将軍・家宣が死去した。もともと病弱だった家宣だが、この日、五十一歳でその生涯を終えた。家宣は好学な将軍で性格は寛仁、間部詮房や新井白石を重用して政治の刷新に取り組み、ほとんど失政がなかった。その家宣が最後まで気にかけていたのが重秀による貨幣改鋳で、貨幣を慶長金銀の質に戻すよう遺言している。

十二月、家宣の子で四歳の鍋松《なべまつ》が家継《いえつぐ》と改名し、翌年、第七代将軍に就任した。幼将軍の誕生である。そんな代替わりが行われて間もない正徳四（一七一四）年三月、大奥の年《とし》寄《より》・絵島《えじま》や山村座の人気役者・生島新五郎《いくしましんごろう》らが処罰され、関係者一五〇〇人余の者が連座するという大事件が起きた。「絵島生島事件」と呼ばれるこの事件は、大奥の大粛清として世間の耳目を集めたが、なぜそれほど多くの者が罰せられなければならなかったのか。それが、この事件の大きな謎である。

事件の経緯を振り返ってみよう。当時、絵島は大奥で月光院《げっこういん》に仕える大年寄だった。月光院は将軍・家宣の側室だったお喜世《きよ》の方（左京《さきょう》の局《つぼね》）で、家継の生母である。大年寄は大奥の総取締で、絵島は奥女中の最高位にいた。同年正月十四日、この日は文昭院《ぶんしょういん》（家宣）の法会の日だった。当初、月光院が参詣する予定だったが、前日に絵島が代参の指名を受けた。

翌日、絵島は奥女中一三〇人余を引き連れ、家宣廟のある芝・増上寺《ぞうじょうじ》（東京都港区）に向かった。代参を終えた絵島一行は帰途、木挽町《こびきちょう》（東京都中央区）の芝居小屋・山村座に立ち寄り芝居見物をした。一行は二階の桟敷《さじき》で酒や料理を楽しみ、絵島は座元の山村長太夫《やまむらちょうだゆう》や人気役者の生島新五郎らと遊興した。その揚句、江戸城への帰着が遅れ、長局《ながつぼね》（大奥の女房の部屋）へ出入りする七つ口が閉まっていたが、絵島は閉じていた門を開けさせてようやく大奥に戻った。

後日、この絵島一行の行動が問題となり、二月二日、絵島は同行した奥女中・宮路《みやじ》とともに謹慎を申しつけられた。確かに、代参の帰りに芝居見物をすることは、公式には禁じられていた。しかし、綱吉の時代から芝居見物は公然の秘密となっており、絵島も月光院も当初は謹慎処分くらいで済むと高をくくっていた。

ところが、四日、山村座が取り潰しとなり、九日には絵島一行に接客した役者兼座付き作者の中村清五郎《なかむらせいごろう》が、十二日には新五郎がともに入牢を申し渡された。さらに、十九日までに一七人が処罰された。こうして絵島以下多くの関係者に死罪・流罪・追放などが申し渡され、事件は大事件へと発展したのである。

絵島は当初、死罪とされていたが、月光院の口添えで減刑され、信濃国高遠（長野県伊那市）藩主・内藤駿河守清枚《ないとうするがのかみきよかず》にお預けとなり、絵島の相手をしたという新五郎は三宅島へ流された。

大奥で天英院派と月光院派が対立する

絵島の乱行が大事件に発展した背景には、大奥内でうごめく派閥抗争があったという。その抗争の発端は、家継の将軍就任である。六代将軍・家宣は死期が迫ると、自分の後継者候補について白石に相談した。そのとき家宣が後継者候補として名をあげたのは、実子の鍋松（家継）ではなく当時二十五歳で好学な名君として知られていた尾張徳川家四代当主・徳川吉通《とくがわよしみち》だった。家宣は二つの案を提示した。一つは、吉通を将軍とし鍋松が成人したときは吉通の判断にゆだねるというもの。もう一つは、鍋松を将軍とし、成人するまで吉通に江戸城西の丸に入ってもらい政治を行ってもらうというもの。

しかし、白石はこの両案に反対した。その理由は、もしも両案のいずれかになれば天下の人々が党派（尾張派と鍋松派）に分かれて天下が乱れ、応仁の乱のときのようになる。御三家はじめ御一門も譜代の家来も健在である以上、若君（鍋松）が継がれることに何の支障があるのか、というものだった。

こうして、鍋松こと家継の将軍就任が決まったが、もしもこのとき吉通が七代将軍になっていれば、絵島生島事件は起きなかったかもしれない。なぜなら、家継の将軍就任後、大奥内に事件の原因となる権力闘争が生じたからである。家宣の死後、家宣の正室だった天《てん》英院《えいいん》（熙子《ひろこ》）を支持する天英院派と、家継の生母・月光院を取り巻く月光院派とが対立し派閥抗争が勃発したのだ。

天英院派は反間部（詮房）派の門閥老中らが天英院に与した。一方、月光院派は詮房や白石が家継と月光院を支えた。家継は聡明な幼児だったが、わずか五歳の幼将軍であり政務を執ることはできなかった。そこで家宣の側近として政権を主導した詮房と白石が引き続き家継を支えることになった（家宣と家継の治世は「正徳の治」と呼ばれる）。

詮房は老中格の側用人で老中よりも格下だったが、その権力は大きく幼将軍の代行者の役割を担った。詮房はまた家継の養育も担い、幼い家継は詮房を父のように慕った。ある日、外出した詮房の帰りが遅くなると、家継は出入口まで出て立ちながら詮房の帰りを待ったという。

将軍は江戸城の中奥《なかおく》が政務および生活をする居住空間だったが、幼い家継は母の月光院がいる大奥で暮らした。そのため詮房は、本来男子禁制だった大奥に、家綱を迎えるため毎日のように月光院の部屋に出向いた。月光院ことお喜世は天性の美貌が家宣（当時は綱《つな》豊《とよ》）の目にとまり側室になった女性で、家宣の死後もその美貌は衰えていなかった。一方、詮房は独身で愛妾も持たなかった。いつしか二人の仲が噂されるようになったという。

こうして将軍の生母・月光院を取り巻く月光院派は権勢を誇示し、他の側室の部屋に属する奥女中らは肩身を狭くした。そんななか天英院派は月光院派に激しく反発した。また、詮房が老中や若年寄を前に、幼い家継を膝の上に抱きながら「上意」といって裁可を下すことに、天英院派の幕閣らは強い反感を抱いていた。そんな大奥の二大派閥が対立する最中に、絵島生島事件は起きたのである。

派閥抗争の犠牲になった絵島の運命

絵島一行の乱行は、天英院派にとって月光院派に対する日頃の恨みを晴らす絶好の機会だった。とくに反間部派の老中らには詮房の権勢を削ぐ好機到来だった。事件の取調べは中町奉行（三奉行制だった当時の一つ）・坪内《つぼうち》能登守《のとのかみ》定鑑《さだかね》によって行われたが、実質的な取調べは定鑑配下の目付・稲生《いのう》次郎左衛門《じろうざえもん》が行った。次郎左衛門は当時「人をはめるもの、落とし穴と稲生次郎左衛門」といわれた悪名高き役人である。次郎左衛門は新五郎を拷問にかけて絵島との情交を自白するよう迫り、絵島にも拷問をかけたが、気丈な絵島は最後まで自白しなかったという。

次郎左衛門はその後、八代将軍・徳川吉宗《とくがわよしむね》の時代に勘定奉行から町奉行（江戸町奉行）へと出世するが、後述するように吉宗を将軍にかつぎ出したのは天英院と天英院派の反間部派の老中らである。次郎左衛門が天英院派のために汗を流したことは容易に想像がつく。

事件後、月光院派の権勢は衰え、詮房は孤立していく。結局、この事件は大奥内の二大派閥による抗争が原因であり、権勢を誇った月光院派に劣勢を余儀なくされていた天英院派が、勢力挽回のために利用した事件だったのだ。

その派閥抗争の犠牲になった絵島は、お預け先となった内藤家の家臣らに厳重に囲まれながら駕籠で江戸をあとにした。高遠に送られた絵島は、以来二十七年間、狭い囲い部屋での生活を余儀なくされ、寛保元（一七四一）年四月十日、病のため死去した。かつて権勢を誇った月光院の信任を得て、自らも華やかな日々を送っていた絵島は江戸から遠く離れた地で六十一年の生涯を閉じたのである。

元文四（一七三九）年——徳川宗春蟄居事件

尾張徳川家と紀伊徳川家の宿命の対決

家宣の将軍就任を脅かした紀伊徳川家

絵島生島事件の二年後、正徳六（享保元、一七一六）年四月三十日、将軍・家継が八歳で病没した。八月、紀州（和歌山県和歌山市）藩主・徳川吉宗が第八代将軍に就任した。吉宗は江戸三大改革の一つ「享保の改革」を断行したことで知られるが、その吉宗の治世に御三家筆頭の尾張徳川家当主（第七代尾張藩主）・徳川宗春《とくがわむねはる》が突如、隠居・謹慎を命じられた（徳川宗春蟄居事件）。処罰の原因は、吉宗が進める政策に反する行為だとされる。

御三家といえば、徳川将軍家を支える親藩・一門のなかでも最も上位の家格を持つ大名家だ。なかでも尾張徳川家は三家の筆頭であり、その当主が処罰されるのは前代未聞の大事件である。なぜ宗春は吉宗の政策に逆らうようなことをしたのだろうか。この項では、宗春の真意を探り、徳川宗春蟄居事件にまつわる謎を追ってみたい。

綱吉が将軍に就任した際、綱豊《つなとよ》（家宣）は綱吉の兄・綱重の子である自分が次期将軍になると希望を抱いていた。綱吉は儒教に通じ、兄弟の序を固く守るものと信じていたのだ。ところが、綱吉は嫡子・徳松《とくまつ》を西の丸に入れ、徳松を次期将軍とする意向を示したのである。その三年後、徳松が早世した後も綱吉は綱豊への継嗣を公言しなかった。一説に、綱吉が「生類憐みの令」を発令したのは、護持院《ごじいん》（東京都千代田区）の僧侶・隆光《りゅうこう》が綱吉に「子に恵まれないのは前世の殺生の報いであり、子が欲しければ生類憐みを心掛けなければいけない」と説いたことが原因といわれている。

それでも子宝に恵まれなかった綱吉は、娘・鶴姫《つるひめ》が嫁いだ三代紀州藩主・徳川綱教《とくがわつなのり》を次期将軍に据えようと画策した。しかし、その後、鶴姫が死去し、その企ても水泡に帰した。こうして、万策尽きた後、ようやく継嗣と認められたのが綱豊こと家宣だった。以来、家宣は叔父・綱吉への憤りと同時に、自分から将軍の地位を奪いかねなかった紀伊（紀州）徳川家に反感を抱くようになったのである。

吉宗の倹約令に反対した宗春の放縦策

前述したように、家宣は死期が迫ると後継者候補について新井白石に相談し、我が子の鍋松（家継）ではなく尾張藩四代藩主・徳川吉通の名をあげた。しかし、白石に反対されて、その結果、家継が将軍に就任したが、この代替わりにも紀伊徳川家が関与していた疑いがあるのだ。家継が将軍に就任した正徳三（一七一三）年五月、二十五歳の吉通が急死する。吉通は食後急に血を吐いて悶死したとされ、そばに医師が控えていたにもかかわらず看病されることがなかったという。

また、尾張藩の藩士・朝日文左衛門重章《あさひぶんざえもんしげあき》の日記『鸚鵡籠中記《おうむろうちゅうき》』には、当時、紀州藩の間者が尾張藩の藩邸を窺がっているという噂が記され、吉通が紀伊徳川家に殺されたという風聞が立った。吉通の死後、藩主を継いだ三歳の五郎太《ごろうた》（五代藩主）も二か月も経たないうちに夭逝し、吉通の弟・継友《つぐとも》が第六代藩主に就任した。

六年、家宣の跡を継いだ家継が八歳で死去すると、尾張徳川家では家宣が吉通を次期将軍に望んだことから、吉通の弟・継友が将軍になるものと思っていた。ところが、家継の病が重くなった際、天英院（家宣の正室）は家宣の遺命と偽り、吉宗に将軍の後見を命じた。そして家継の死後、吉宗が将軍に就任したのである。

紀伊徳川家に将軍職を奪われた尾張徳川家には、さらに不幸が続く。享保十五（一七三〇）年十一月、継友が三十九歳で死去した。死因は麻疹《はしか》による病死とされたが、吉宗に嫌われた継友が密かに刺殺されたという風聞が立った。

徳川宗春蟄居事件は、以上見てきたように将軍の地位をめぐる尾張徳川家と紀伊徳川家の確執がうごめくなかで勃発した。宗春は吉宗が改革の肝とする倹約令に反対し、祭礼や芝居・遊廓が隆盛になることを奨励。十六（一七三一）年、初めて尾張に入国する際の行列は華美を極め、入国後の寺社の参詣も派手な衣装で行った。また、領民には盆踊りをにぎやかに踊るよう申し渡し、従来、諸士（侍）の芝居見物は禁じられていたが、これを許可した。さらに、遊廓の設置を放任し、尾張名古屋は活気に満ち溢れた。この宗春の放縦策の真意は、入国の直前に自らが書いた『温知政要《おんちせいよう》』に見ることができる。そこには、「倹約は大切だが、度が過ぎれば下々を苦しませる」という意味のことが記されている。

こうして宗春は吉宗の政策とは正反対の施政を断行し、吉宗を非難した。すると、十七（一七三二）年五月、ついに宗春は吉宗から譴責《けんせき》された。宗春は陳謝し、今後は行跡を改め倹約を守ると答えたが、その際、幕府の上使に「倹約とは上の者が手本を示すもので、下の者に強いるものではない」と反論した。まさに吉宗の倹約令は、これまでの幕府の失政による財政難を打開するため庶民に犠牲を強いるものだったのである。

しかし、宗春の放縦策もいよいよ破綻の兆しが表れ、尾張藩も財政難に陥ると、領内に宗春の藩政を批判する声も上がり始めた。吉宗はそのタイミングを待っていたかのように元文四（一七三九）年正月十二日、宗春に蟄居を命じた。この事件によって尾張徳川家と紀伊徳川家の宿命の対決は幕を閉じ、尾張徳川家は政治的な敗北を喫したのである。

延享二（一七四五）年 ― 加賀騒動

でっち上げられた藩主毒殺計画

藩主の死後、蟄居を命じられた朝元

徳川宗春蟄居事件の六年後、延享二（一七四五）年九月、吉宗は家督を嫡男の家重《いえしげ》に譲った。この代替わりが行われる前の六月、加賀国加賀（石川県金沢市）藩でも六代藩主・前田《まえだ》吉徳《よしのり》が病死し、翌月、吉徳の嫡男・宗辰《むねとき》が七代藩主となった。すると、翌年、宗辰は吉徳の側近だった近習・大槻伝蔵朝元《おおつきでんぞうとももと》（のち大槻内蔵允朝元《おおつきくらのじょうとももと》）に「御介抱不行届」、すなわち「吉徳の看病が至らなかった」という理由で蟄居・閉門を命じた。

朝元の失脚は、その後、加賀藩内に展開する御家騒動の序曲であり、この事件は「加賀騒動」と呼ばれ黒田騒動・伊達騒動と並んで日本三大御家騒動に数えられている。加賀騒動はのちに芝居や人形浄瑠璃・小説などの題材となり、多くの人々に知られるようになったが、そのほとんどが朝元を「悪玉」として描いている。

はたして、朝元は本当に悪玉だったのか、事件の真相はどうだったのか、これがこの騒動の謎である。騒動の経緯を振り返ってみよう。朝元は足軽出身で吉徳の御居間坊主（茶坊主）として召し出されたが、生来利発で吉徳が藩主になると士分に取り立てられた。その後、みるみるうちに出世し、ついに家臣団の最高位に登り詰めた。

問題はこの後の朝元の行状である。前述の朝元悪玉説に従って記述してみると次のようになる。朝元は奢侈を極め、藩主・吉徳の威を借りて藩政に関与し、一族や自分に与する者らを要職につけ派閥を築いた。ところが、朝元は吉徳を暗殺する。その殺害方法は、毒殺とも、あるいは参勤を終えて帰国する途次、満水の川を吉徳に乗馬で渡らせ発病させたとも、川の中で馬を傷つけ吉徳を溺れさせたともいう。

史実では、朝元が蟄居・閉門を命じられた年の十二月、新藩主・宗辰は江戸藩邸で急死するが、朝元悪玉説ではこれも朝元による毒殺とされる。翌年正月、宗辰の弟・重煕《しげひろ》が八代藩主に就任。寛延元（一七四八）年四月十八日、朝元は越中国五箇山（富山県南砺市）に配流となった。

朝元悪玉説によると、朝元配流の二か月後の六月と七月の二度にわたって、江戸の加賀藩上屋敷（東京都文京区）で毒物投入事件が起きた。取調べの結果、奥女中の中老・浅尾《あさお》に嫌疑がかかり、浅尾は犯行が真如院《しんにょいん》（吉徳の側室だったお貞《さだ》の方）の命による藩主・重煕および浄珠院《じょうじゅいん》（宗辰の生母）毒殺計画だったことを白状した。そこで、真如院を取調べると、朝元との密通が明らかになり、吉徳の三男・勢之佐《せいのすけ》（利和《としかず》）が二人の子であることも判明。暗殺計画は朝元と真如院が勢之佐を藩主につけるための陰謀だったという。

九月十二日、朝元は配所で自害し、真如院は翌年二月十四日、幽閉中に縊死したとも殺害されたともいわれている。十月二十一日、浅尾もまた幽閉中に密殺されたが、残酷な「蛇責め」による処刑だったという。

藩財政の建て直しに取り組んだ朝元

以上が、朝元悪玉説による加賀騒動の顛末だが、実は朝元配流の理由を示す史料は何もないのだ。朝元と真如院の密通疑惑に関しても、門閥年寄衆の前田土佐守直躬《まえだとさのかみなおみ》が重煕に提出した報告書だけが証拠とされており、事件が朝元と真如院による陰謀だったとすることには疑問が呈されている。以下、史実の朝元の行状を見直していくことにしよう。

吉徳が朝元を重用したのは、二人が男色関係にあったことも一因だが、それ以上に見込まれたのが朝元の吏僚としての能力の高さだった。藩主に就任した吉徳には、従来の門閥年寄衆が幅をきかせる門閥政治からの脱却と、財政難対策が大きな課題だった。吉徳はそのために、財務に明るい朝元を登用したのだ。

朝元は吉徳の期待に応え、前代の放漫経営によってもたらされた藩財政を引き締め、財政の建て直しに取り組んだ。しかし、この朝元の動きを苦々しく思っていたのが、直躬や儒者・青地藤太夫礼幹《あおちとうだゆうのりもと》などの保守層だった。そして、吉徳の病死を前代の藩政に戻す好機到来と考えた直躬や礼幹は、朝元弾劾の先頭に立って宗辰に弾劾状を提出した。結果、新藩主・宗辰は朝元に蟄居を申し渡したが、これは宗辰が父の代からの重臣を煙たがり排除するためと考えられている。

なお、直躬が朝元を弾劾したことから朝元悪玉説では、直躬は朝元の加賀藩乗っ取りの野望を砕いた「善玉」とされるが、一説には、直躬こそが加賀騒動の黒幕だったという。吉徳には多くの側室がおり、その一人・善良院《ぜんりょういん》との間には嘉三郎《かさぶろう》（のちの重靖《しげのぶ》）が生まれていた。宗辰の死後、藩主となった重煕の後継者としての順位は嘉三郎より真如院の子・勢之佐が上位だったが、善良院は嘉三郎を次の藩主とするため、真如院による重煕および浄珠院毒殺計画をでっち上げた。そして、その背後にいたのが善良院と結んだ直躬だというのだ。つまり、加賀騒動は藩主・吉徳の死後に生じた大奥内の側室間の争いと、異例の出世を遂げた朝元と保守層の権力闘争がからみ合った事件であり、朝元と真如院はその犠牲となったのである。

宝暦八（一七五八）年 ― 宝暦事件

新旧の公家が対立した朝廷の騒動

公家に垂加神道を講義した竹内式部

加賀騒動が起きた延享二年十一月、家重は将軍宣下を受け、第九代将軍に就任した。この代替わりから六年後、元号は宝暦と改められ、この元（一七五一）年に将軍・家重の小姓だった田沼意次《たぬまおきつぐ》が御用取次に昇進した。以後、意次は破竹の勢いで出世し、史上有名な田沼時代を謳歌することになる。その田沼時代の前夜、宝暦八（一七五八）年に朝廷内の騒動により天皇の近習《きんじゅう》（側近）の公家が大量に処罰される事件が起きた。「宝暦事件」と呼ばれるこの事件は、神道家で軍学者の竹内式部《たけのうちしきぶ》も処罰されたことから「竹内式部事件」ともいわれている。

なぜ多くの公家が処罰されたのか、そこに幕府の関与はなかったのか、それがこの事件の謎である。事件の経緯を振り返ってみよう。享保十三（一七二八）年頃、越後国（新潟県）

で生まれた式部は上京して、第一一六代桃園《ももぞの》天皇の近習・徳大寺公城《とくだいじきんむら》に仕えた。式部は京都で崎門《きもん》学派の松岡仲良《まつおかちゅうりょう》・玉木正英《たまきまさひで》に師事し、儒学・神道を学んだ。崎門学派は江戸前期の儒学者で神道家の山崎闇斎《やまざきあんさい》を学祖とする一派で闇斎学派とも呼ばれた。

式部はその後、京都に家塾《かじゅく》を開き、公城はじめ近習の公家らに垂加神道《すいかしんとう》や軍学を教えた。垂加神道は闇斎が提唱した神道で、神仏習合（神仏混淆）思想を批判し、天皇が統治するあり方が天下泰平の道であるとした。江戸中期、それまで朝廷では中世以来の神道である吉田神道が優勢だった。しかし、垂加神道が公家に浸透し始めると、両神道は思想的に対立するようになった。式部の垂加神道はそんな状況のなかで近習を中心とした公家のなかに広がっていったのである。

その式部の学説は、尊王斥覇《そんのうせきは》（徳をもって治める王を尊び、武力で政権を得た覇者を賤《いや》しむ）思想と大義名分論の立場から、天皇との君臣関係を絶対不変のものとし臣民に天皇に対する忠誠を要求するものだった。式部によれば、人々が将軍の尊いことを知っていても天皇が尊いことを知らないのは、天皇に学問が足りず徳がなく、公家にも能力がないからだという。そこで、天皇と公家らが学問に励み徳を身に備えれば、万民はその徳に従い天皇に心を寄せるようになり、おのずと将軍も政権を天皇に返すことになる。そして、世は公家の天下になるという。

進講中止に怒った天皇が関白・内前を詰問する

式部の門人は数十人に及び、公家以外の者まで含めば七〇〇人以上に達したという。式部の説くところは幕末の王政復古の考え方に通じるもので、公城や坊城俊逸《ぼうじょうとしやす》・西洞院時名《にしのとういんときな》などの公家らは、式部の尊王思想に感化され、幕府の専横を非難するようになった。また、式部の教えに従い、馬術や弓術など武術の稽古に励んでいるとの噂も広がった。これだけでも幕府の耳に入れば、ただではすまない状況となったが、式部の思想に突き動かされた公家らはさらなる行動に出た。彼らは式部の教えを桃園天皇に進講したのだ。

桃園天皇は当時、十七歳と若く、英邁《えいまい》で好学な天皇として知られていた。公城らは天皇にまず『史記』から進講を始め『日本書紀』へと進んだ。そして、「神書」と称された『日本書紀』の神代巻《じんだいかん》の講釈で「天下の大道」を説いたのである。その結果、天皇は式部の尊王思想に一気に傾倒した。

天皇の学問について幕府は『禁中并公家中諸法度』で、政治に関係のない和歌を第一にするよう規定していた。それだけに天皇に天下の大道を説く公家らの進講は朝幕関係を揺るがす問題に発展しかねなかった。それを誰よりも憂いたのが、関白・一条道香《いちじょうみちか》や近衛《このえ》内《うち》前《さき》を中心とした朝廷内の保守勢力や、幕府と朝廷との交渉にあたる武家伝奏役の広橋勝胤《ひろはしかつたね》や柳原光綱《やなぎはらみつつな》などである。

天皇への進講が始まり、公家らが頻繁に式部のもとを訪れるようになると、宝暦四（一七五四）年、道香は京都所司代・松平輝高《まつだいらてるたか》に公家らによる天皇への進講を訴え出た。その理由は式部の講義に不審な点があることや、公家らが武術の稽古をしていることなどであった。式部は取調べられたが、尋問の結果、式部に不審なところはないとされ、このときは大きな問題に発展することはなかった。

近習らの勢力拡大を恐れた保守勢力

七（一七五七）年、道香は関白を内前に譲ったが、退位後も内前に公卿らによる天皇への進講を中止させるよう迫った。そこで、内前は公家らに進講の中止を命じたが、天皇はなおも進講の継続を望み、進講が止むことはなかった。すると、翌年七月、内前は公家二〇人を処罰した。公城ら八名の公家は官職を罷免され永蟄居《えいちっきょ》処分（自宅謹慎）。その他一二名の公家も近習を止めさせられたり、遠慮（自発的謹慎）を命じられたりした。

内前はまた、京都所司代の輝高に式部を告発し、式部は再び尋問を受けた。しかし、不審なところはなく、公家らの武術の稽古も確かな証拠がなかった。すると、輝高は「全体の教え方が悪い」という曖昧な理由で翌年五月、式部を京都から追放した。

以上が宝暦事件の顛末だが、この事件は朝廷内の騒動であり、幕府の積極的な関与はなかった。宝暦四年に道香が京都所司代の輝高に訴え出たとき、本来であれば公家の天皇への進講は幕府にとっても一大事のはずである。ところが、輝高はすぐにでも老中に報告するかと思いきや、事件の介入には乗り気でなかったという。八年のときも、輝高は道香や内前から強い要請を受けて式部を尋問している。

結局、この事件は朝幕関係の悪化を恐れた道香や内前が、公城をはじめとする近習らの動きを止めるために幕府を利用した朝廷内の騒動だった。しかし、道香や内前が恐れたのは朝幕関係の悪化だけではなかった。彼らが本当に恐れたのは、自分らに代表される朝廷内の保守勢力に代わって、天皇のそば近く仕える近習らが朝廷の実権をにぎることだったのである。

好学な天皇は進講が中止になった後も継続を望んだが、内前は「これは青綺門院《せいきもんいん》様の指示であり、私の一存ではご要望をかなえることはできません」と答えた。青綺門院とは天皇の養母だが、内前の返答を聞いた天皇は、「おまえは女院の指図に従うのか、それとも天皇に従っているのか」と激しく詰問したという。

幕末の日本は京都を中心に尊王攘夷運動が高まるが、その尊王論の萌芽ともいえるのがこの宝暦事件だった。

明和三（一七六六）年——明和事件

謀叛の疑いで捕縛された尊王論者

尊王思想を講義した大弐と右門

宝暦事件の八年後、明和三（一七六六）年、またしても尊王思想が原因で儒学者・軍学者の山県大弐《やまがただいに》ほか弟子の藤井右門《ふじいうもん》が幕府に処罰されるという事件が起きた。この事件は「明和事件」と呼ばれ、嫌疑は宝暦事件の際、追放となった竹内式部にまで及んだ。なぜ大弐らは処罰されたのか、式部まで嫌疑が及んだのはなぜなのか、この事件もまた謎が多い。

早速、事件の経緯を振り返ることにしよう。大弐は甲斐国の出身で国学を加賀美光章《かがみみつあき》（桜《おう》塢《う》）、儒学を五味釜川《ごみふせん》に学び、宝暦元（一七五一）年、二十七歳のときに江戸に出た。四（一七五四）年、幕府の側用人・大岡忠光《おおおかただみつ》に仕え、農民の窮状や幕政の実態を目の当たりにした。十（一七六〇）年、忠光が亡くなると致仕して、江戸・八丁堀（東京都中央区）で家塾を開き、儒学や兵学を講じた。

この大弐の家に寄宿し弟子（食客《しょっかく》）となったのが右門だ。右門は越中国（富山県）の生まれで、元赤穂藩浅野家の家臣だった浪人の子である。十六歳のときに上京し、式部の門人となり、公家の正親町三条公積《おおぎまちさんじょうきんつむ》らと交流。公家に軍旅《ぐんりょ》（軍隊や戦のこと）を教授した。右門は式部と親交をもったが、宝暦事件で連座すると出奔して江戸に出た。その後、大弐の所説に心酔し尊王斥覇を唱え、家塾の師範代となった。

大弐の家塾には、他にも上野国小幡藩（群馬県甘楽郡甘楽町）の家老・吉田玄蕃《よしだげんば》はじめ小幡藩士が数多く門弟となった。ところが、明和三年、大弐と右門は謀叛の疑いで捕縛された。捕縛のきっかけは門弟からの密告だった。密告の内容は、大弐と右門に幕府に対する謀反の疑いがあるというものだったが、なぜ門弟は師や師範代を訴え出たのだろうか。

実はその背後に、門弟・玄蕃にかかわる小幡藩の内紛があったのだ。小幡藩は元和元（一六一五）年、織田信雄《おだのぶかつ》（織田信長の次男）の四男・信良《のぶよし》のときに成立した（異説あり）が、この当時から藩の財政は窮乏していた。明和元（一七六四）年、信邦《のぶくに》が七代藩主に就任するが、それ以前から藩内には財政再建をめぐり、玄蕃と用人《ようにん》・松原郡大夫《まつばらぐんだゆう》が対立していた。そんななか、信邦は学問・兵学に精通した玄蕃を上席家老に登用した。その玄蕃は師である大弐を主君・信邦に推薦している。

すると、郡大夫は玄蕃の失脚を画策。玄蕃が大弐や右門らと反幕府的思想を共にし、幕府に対する謀反の疑いがあると藩主・信邦に讒訴した。そして、藩内にこのことを言い触らせると、大弐の門弟のなかから密告者が現れたのである。

尊王思想に警戒感を抱いた幕府

幕府に大弐らを密告したのは、牢人・桃井久馬《ももいきゅうま》と町医者・宮沢準曹《みやざわじゅんそう》ら四人の門弟だった。あるとき、久馬と準曹らは右門と談論し、右門が「江戸城を乗っ取ることなど簡単である。南風が吹く日に品川に火を放ち、東方から攻めればよい」と語るのを聞いた。四人は禍が自分たちに及ぶのを恐れ、大弐や右門が謀反を企てていると幕府に訴え出たのである。

この密告によって大弐と右門は捕縛されたが、他にも関係者三〇人余が逮捕された。事件の取調べは八か月に及んだが、久馬らの訴えを裏づける証拠は何も出てこなかった。しかし、宝暦事件以降、尊王思想に警戒感を抱いていた幕府は、このままで終わるわけにはいかなかった。そこで幕府が目をつけたのが、大弐の著書『柳子新論《りゅうししんろん》』だ。大弐はこの著書のなかで天皇家と藤原氏による政治を称え、保元・平治の乱以後の武家政治を批判した。また、「今の政《まつりごと》をなす者は、おおむね皆聚斂附益《しゅうれんふえき》（苛酷な取り立てをして富を増やすこと）の徒、その禍を蒙る者は、農甚だしとなす」と述べ、利益を求め農民から過重に収奪する幕政を批判している。

大弐も式部同様、尊王斥覇や王政復古を主張したが、その思想は平安時代以前の朝廷政治への復古を理想とするもので、式部よりもさらに鮮明だった。そのため、幕府にとっては極めて危険な思想であり、大弐が兵学の講義の際に実例として江戸城や甲府城など城の名をあげたことも「恐れ多き不敬の至り、不届き至極」とされ、死罪（斬首）となった。また、右門は反逆の儀はなしとされたが、久馬らと江戸城の乗っ取り方法について談論したことが「この上もなき恐れ多き儀を雑談いたし候段、不敬の至り、不届き至極」とされ、獄門となった。

結局、大弐と右門は謀叛とは無関係だったが、小幡藩内の権力闘争に巻き込まれ、その尊王思想によって幕府から弾圧されたのだ。そして、この事件が幕府による根拠のない弾圧だったことを示すのが、あの宝暦事件で追放になった式部の捕縛である。明和事件が勃発したとき、式部は伊勢国宇治（三重県伊勢市）で暮らしていたが、大弐や右門との関係を疑われ、明和四年に江戸に召喚された。取調べの結果、大弐への疑いは晴れたが、追放の身でありながら京都に足を入れたことが問題とされ、八丈島への遠島となった。式部はその後、八丈島へ護送中、三宅島で亡くなった。

竹内式部と山県大弐という尊王論者らが処罰され宝暦・明和事件は収束したが、この二つの事件が幕末の尊王攘夷運動に大きな影響を与えていくことになる。

天明四(一七八四)年——田沼意知刺殺事件

田沼時代の江戸城での刃傷事件

意次は進歩的で有能な政治家だった

明和事件で山県大弐や竹内式部が処罰される一月ほど前、明和四(一七六七)年七月一日、田沼意次が側用人となった。史上名高い「田沼時代」の幕開けである。田沼意次といえば、長い間、「賄賂政治家」「悪徳政治家」の代名詞のように伝えられてきたが、近年、その功績が再評価され、有能な政治家だったともいわれている。

意次は旗本・田沼意行《たぬまおきゆき》の子として生まれ、世子時代の家重の小姓となり、以来、家重の寵を集めた。宝暦八(一七五八)年、一万石の大名となり、同年に起きた美濃国郡上(岐阜県郡上市)藩(八幡藩)の一揆の審理にあたった。同十(一七六〇)年、家重が引退し、家治《いえはる》が将軍に就任すると、意次が引き続き側用人として仕えた。通常、将軍の代替わりがあると、前代の将軍に仕えた側近は辞任または転任したが、意次は君命により新将軍・家治にも仕えることになったのである。

意次は家治からも厚い信任を得て側用人に任じられると、明和六（一七六九）年に老中格、安永元（一七七二）年に老中にまで昇進した。こうして幕府の実力者となった意次のもとには、その権力を頼って近づいてくる者が多くなり、訪問客からの贈答品は田沼邸の二つの座敷を埋め尽くすほどになったという。

この意次の栄華がのちに賄賂政治家のイメージをつくりあげたが、当時の風潮は人の世話をしたら礼を受け取るのはあたりまえのことだった。つまり、意次には賄賂という意識はなく、当時の礼儀にならっただけなのだ。

史実の意次は、八代将軍・吉宗ができなかった幕府財政の建て直しに取り組み、そのために印旛沼《いんばぬま》や手賀沼《てがぬま》（ともに千葉県北部）の干拓事業によって新田を開発して年貢の増徴に努めた。また、蝦夷地《えぞち》（北海道）に着目して、ロシアとの交易のために北方探検家の最上徳内《もがみとくない》を現地に派遣。さらに、儒学者で蘭学者の青木昆陽《あおきこんよう》や物産学者で戯作者の平賀源内《ひらがげんない》など専門家や知識人を自邸に招いて当時の最新知識を吸収した。このように、意次の実像は幕政改革に尽力した進歩的で有能な政治家だったのである。

しかし、意次および意次の政治は世間には評判がよくなかった。その一因は、意次が我が子を次々と要職につけたことにあった。天明元（一七八一）年、意次は子の意知《おきとも》を奏者番《そうじゃばん》に就任させると、二年後には若年寄に昇進させた。これにより、意次と意知は父子で幕閣に名を連ねることになった。

刃傷の原因は政言の乱心か私怨か

意知の奏者番、それに続く若年寄への昇進に、世間は批判的だった。奏者番は大名・旗本が将軍に謁見する際、姓名の奏上・献上品の披露などを行う役職で、一万石以上の家格を有する者（大名）が任命された。ところが、当時の意知は部屋住《へやずみ》の身だった。部屋住とは家長の監督下にあって経済的にも社会的にも独立していない者のことで、本来であれば奏者番になれる身分ではなかった。その意知が奏者番となり、さらに若年寄にまで昇進したのは異例のことである。庶民はこの人事をいぶかしみ、そして不満をあらわにした。

また、それ以上に意次の政治に対する大きな不満があった。当時、日本列島は飢饉や冷害が続き、さらに浅間山の噴火もあって凶作に見舞われていた。その影響で全国的に米価が高騰し、庶民、なかでも江戸の下層町民は暮らしに困窮していたのだ。

そんななか、天明四（一七八四）年三月二十四日、江戸城内で若年寄・意知が旗本の佐野《さの》善左衛門政言《ぜんざえもんまさこと》に斬りつけられるという事件が起きた。意知は深手を負い、二日後の二十六日に息を引き取った（公表は四月二日）。「田沼意知刺殺事件」と呼ばれるこの事件は、幕府の評定所によって政言の乱心が原因とされ、五月四日、政言は切腹を申し渡された。

はたして事件は本当に政言の乱心が原因なのだろうか。この謎を解くために事件当日の様子を見直してみよう。当日の九つ（正午）頃、江戸城内で政務を終えた意知は、同僚の若年寄らとともに御用部屋から退出しようとした。そして、新番組（幕府旗本の軍事組織）の詰所である新番所の前を通りかかると、そこに詰めていた番士の政言が突然走り出してきて中の間で意知に襲いかかった。その際、政言は「覚えがあろう」と三回叫び、意知の肩先を斬った。意知は桔梗の間に逃げたが、政言は追いかけて意知の股《もも》を刺した。その後、政言は大目付・松野対馬守忠郷《まつのつしまのかみただtermさと》に取り押さえられた。

以上からわかるように、政言の犯行は乱心ではなく計画されたものである可能性が高い。犯行時、周囲には大目付や目付・勘定奉行など多くの役人がいたが、政言は意知だけを追いかけて襲っていることから、政言は当初から意知だけを狙っていたにちがいない。

動機についても、犯行後の取調べの際、「私怨のため」と答えている。また、「覚えがあろう」と叫んでいることからも、怨恨の可能性が大である。では、その政言の意知に対する私怨とは何か。政言は口上書を書いており、そこから刃傷の原因を探ることができる。口上書によると、意知が政言から借りた佐野家の系図を返却しないこと、意知が佐野家伝来の七曜の旗を田沼家の定紋《じょうもん》だといって奪ったこと、意知に賄賂として総計六二〇両を贈って役につこうとしたが約束を果たさないこと、政言の領地にある佐野大明神を意知の家来が勝手に田沼大明神と改名し奪ったこと、などが私怨の原因だったという。

系図の件で補足すると、田沼氏のルーツは藤原氏の流れをくむ佐野《さの》成俊《なりとし》の後裔である。成俊から六代目の重綱《しげつな》が下野国安蘇《あそ》郡《ぐん》田沼邑《たぬまむら》（栃木県佐野市）に住居を構え、田沼を名乗ったという。つまり、政言からすれば田沼家は佐野家の家来筋にあたるというわけだ。その田沼家がいまでは佐野家よりも隆盛となったため、政言は意知に賄賂まで贈って引き立ててもらおうとしたというのである。

オランダ商館長が推測した事件の黒幕

江戸城での刃傷の原因を政言の私怨とする根拠は政言が書いた口上書とされるが、これについては偽文書とする見方があり一概には信用できないという。幕府は政言の乱心が刃傷の原因とし、政言の切腹で一件落着した。ところが、世間はこの決着に納得していなかった。そんななか、長崎出島のオランダ商館長イサーク・ティチングは自著『日本風俗図誌』のなかで事件の真相に触れていた。ティチングはこの事件を「いろいろな事情から推測した」と前置きし、「もっとも幕府の高い位にある高官数名がこの事件にあずかっており、またこの事件を使嗾《しそう》（指図）しているように思われる」と述べ、さらに暗殺の意図は田沼父子による幕政改革を阻止するためだったという。

つまり、幕府の譜代門閥層にとって田沼父子による改革政治は自分たちにとって都合が悪く、田沼政権を倒すために政言を使って意知を殺害したというわけだ。暗殺計画では当初、意次を殺害するはずだったが、意次が亡くなっても意知によって改革政治は続行されるので、意知が暗殺の対象になった。また、意知を失えば意次は大きな打撃を受ける、と考えたという。

このティチングの推測もどこまで信用できるかは定かでないが、事件が政言の単独犯ではなかったことを匂わせる事実もある。それは犯行時の関係者の行動だ。つまり、刃傷の場にいた多くの役人らの不自然な対応である。事件後、政言を取り押さえた忠郷は、その行動を誉められ二〇〇石加増された。ところが、事件現場にいた若年寄・酒井《さかい》忠休《ただやす》や勘定奉行・桑原《くわばら》盛員《もりかず》など多くの者は、犯行を阻止するための適切な行動を取らなかったとされ、将軍の勘気（機嫌を損ないとがめられること）を申し渡された。

忠郷以外の大目付の久松《ひさまつ》定愷《さだたか》と牧野《まきの》成賢《しげかた》も、政言が抜刀して駆け出した後、すぐに取り押さえようとしないでぐずぐずしているうちに意知が致命傷を負ったとされ、謹慎を命じられた。目付の松平《まつだいら》恒隆《つねたか》と跡部《あとべ》良久《よしひさ》も「職務怠慢」の理由で罷免され、他の目付も「心がけが悪い」という理由で謹慎を命じられている。

以上からわかるように、犯行時、現場には大目付はじめ目付や勘定奉行など大勢の役人がいたにもかかわらず、政言を取り押さえようと素早く動いたのは大目付の忠郷だけで、他の者は、なぜか皆「ぐずぐずしていた」。それはまるで政言が犯行を完遂するのを傍観しているかのようだった。

なぜ彼らは迅速な対応をしなかったのだろうか。彼らに田沼父子に対する日頃の反感があったからとも思えるが、何者かの指示に従ったことも十分に考えられる。そして、その何者かがティチングが推測した「幕府の高い位にある高官」ではなかっただろうか。

意知を刺殺した政言は改易となったが、斬首ではなく士分としての切腹が命じられた。また、佐野家の者らも連座することなく処罰を免れた。この寛大な措置も〝密命〟を果たした政言に対する代償なのだろうか。

事件後、江戸の町には政言による意知刺殺に喝采をあげる落首や落書《らくしょ》が出回った。なかには「金をとるならいふ事聞きやれザンザ　いたい思ひで恥をかき、田沼が袖から血はざんざ　ヨイきみじやにへ」という辛辣なものもあった。また、政言が切腹した翌日（刃傷事件の翌日とも）から米価が下がり始め、庶民は喜び政言を「世直し大明神」と崇めた。政言が葬られた徳本寺《とくほんじ》（東京都台東区）には連日、多くの人々が参詣した。この事件後、意次の勢力は急速に衰退し、絶大な権力を誇示した田沼政権は終焉へと向かっていくのである。

天明六（一七八六）年——田沼意次失脚事件

権勢を誇った老中の没落の謎

意次による家治毒殺が噂になる

天明六（一七八六）年八月二十五日、将軍・家治が亡くなった（公式発表は九月八日）。二日後、意次は老中を辞職した。すると、閏十月五日、意次は二万石と大坂蔵屋敷・神田橋上屋敷を没収され、謹慎を命じられた。さらに翌年十月二日、居城の相良《さがら》城（静岡県牧之原市）と二万七〇〇〇石を没収され、隠居・謹慎を命じられた。ちなみに、相良城は人夫《にんぷ》一万人が動員され徹底的に破砕されたという。

こうして意次は老中辞職に始まり、大坂蔵屋敷や相良城の没収など三段階を経て失脚した。あれほど権勢を誇った意次がまるで崖から転げ落ちるように、なぜこんなにも早く失脚したのだろうか。また、その背後には意次の失脚を画策した人物の存在はあったのだろうか。この項では「田沼意次失脚事件」にまつわるこれらの謎を追ってみたい。

この事件の謎解きのキーワードは「家治の病死」にある。将軍・家治は意次の老中辞職の二日前に死去するが、死因には不審な点があったと伝えられている。家治は八月に病気になり、体にむくみが表れた。それまで奥医師の河野仙寿院《こうのせんじゅいん》が薬を調合していたが、病状は快方に向かわず、十五日、仙寿院に代わり大八木伝庵《おおやぎでんあん》が診察した。翌日、意次が推薦した町医師の日向陶庵《ひゅうがとうあん》と若林敬順《わかばやしけいじゅん》（啓順《けいじゅん》）が新たに治療に加わった。二人は意次の屋敷に出入りしていた町医師だった。十九日、陶庵と敬順が薬を調合し投薬すると、家治は急に気分が悪くなり三度も吐いた。そして、苦しみながら「これは毒薬ではないか」と叫んだという。

その六日後、家治は亡くなるが、周囲には意次が二人の町医師を使って毒殺させたという噂が流れた。実際、不自然なことに家治が臨終の際、家治の第一の側近である意次は病床に駆けつけていなかった。二人の町医師が投薬した十九日は登城したものの、二十二日からは病気を理由に欠勤しているのだ。はたして意次は本当に病気だったのだろうか。

意次の家治暗殺という噂について、意次にとって家治は権勢の後ろ盾であり、その家治を暗殺することはありえないとする見方がある。しかし、当時の意次と家治の関係は必ずしも以前と同様のものではなかった。そして、二人の関係を変化させたのが、家治の嫡男・家基《いえもと》の死だという。

何者かに辞職を勧められた意次

安永八（一七七九）年二月二十四日、家治の世子・家基が十七歳の若さで急死した。二日前の二十二日、家基は鷹狩りに出て、品川の東海寺《とうかいじ》で休憩した。すると、急に気分が悪くなり、急いで江戸城西の丸に帰った。途中、家基は駕籠のなかでものすごいうなり声をあげたという。家基が帰城すると、家治は医師に手厚く治療させ、また、諸寺に回復するよう祈祷させたが、その効なく二十四日、息を引き取った。

この家基急死の際にも、鷹狩りに同行した御典医・池原雲伯《いけはらうんぱく》が、意次に命じられて一服盛ったという噂が広まった。また、当時、意次には毒殺を疑われるような動きがあった。幕府の実力者になった意次には、自分が擁立した将軍のもとで田沼家による政権を永続させるという野心（田沼の心願）があり、家治の継嗣についても抜かりなく手を打っていたのだ。

宝暦九（一七五九）年、意次の弟・意誠《おきのぶ》が一橋家の家老となり、安永七（一七七八）年には意誠の子・意致《おきむね》があとを継いだ。一橋家はのちに御三卿の一家となる名家であり、意次はいち早くこの一橋家と太い絆を築いていた。そして、家基が死去した後、天明元（一七八一）年閏五月、一橋家の当主・徳川治済《とくがわはるさだ》の子である豊千代《とよちよ》（のちの十一代将軍・家斉《いえなり》）が家治の養子となったが、この世子選定作業の中心になったのはもちろん意次だが、一橋家の家老である甥・意致の存在が重要だったことはいうまでもない。

この田沼家の一連の動向は、家治の後も擁立した家斉のもとで田沼政権を永続させるという、まさに田沼の心願にそうものである。意次にすれば、聡明で反田沼派の期待が大きい家基より、将軍擁立という恩を売った家斉のほうが意次にとっても意知にとっても政権運営には好都合だったのである。しかし、田沼の心願は意知刺殺事件とそれに続く意次の老中辞職でかなわぬ夢に終わった。その後、待っていたのは失脚への坂道で、意次は転がるように落ちていった。そこで謎とされているのが、老中辞職の理由だ。一説に、意次が推薦した町医師の調合した薬が原因で家治の病状が悪化し、これに怒った家治が意次を罷免したという。しかし、意次の辞職は依願免職である。

天明六年八月二十七日、意次は自ら申し出た辞職願を認められ、老中・水野《みずの》忠友《ただとも》から雁《かり》之間詰めを仰せつかった。辞職の理由は病気という。そして、この免職は処罰による罷免ではなく、あくまでも意次の自発的な辞職だ。つまり、意次に何か落ち度があって罷免されたわけではないのである。

では、なぜ意次は辞職願を提出したのか、あるいは、提出せざるを得なかったのか。この謎を解く鍵になりそうなのが、同七（一七八七）年五月に意次が書いた「上奏文」だ。そのなかで意次は、病気になった家治の意次に対する機嫌が急に悪くなったと告げる者や、周囲でしきりに辞職を勧める者がいてやむを得ず病気を理由に辞職した、と述べていたのだ。

この上奏文から考えられるのが、次のような仮説である。意次が欠勤するようになる前、何者かが意次に、家治の意次に対する機嫌が悪くなったと告げ口した。それを聞いた意次は登城を控えようと思い、病気と称して欠勤した。しかし、その後も何者かが、家治の勘気を理由に意次に辞職するようしきりに勧めた。意次には家治の機嫌が悪くなった理由に思い当たるところがあった。その当時、意次の政策はうまく機能せず、成果を出せていなかった。また、自分が推薦した町医師の薬の調合で家治の病状を悪化させたことにも責任を感じていた。そこで、その責任を取るために辞職願を出した、というストーリーだ。

つまり、意次に老中辞職を勧めた「何者」こそが意次失脚事件の張本人なのだ。では、その「何者」とは誰か。その人物とは、意次が辞職してまもない九月七日、養子・意正《おきまさ》（意次の次男）を離縁した水野忠友である。忠友は意正を養子に迎えたことで意次に引き立てられ、旗本から駿河国沼津（静岡県沼津市）三万石の大名となり、老中にまで出世している。

忠友は意次に免職を申し渡したが、意知刺殺事件後、意次の勢威が衰えるのを予測し、自分の庇護者としての意次を見限ったのだ。また、意次が何かの理由で処罰されたときに累が自分にまで及ぶのを恐れたのである。つまり、意次の失脚は側近、水野忠友の裏切りが原因だったのである。

寛政五（一七九三）年――松平定信解任事件

改革政治を断行した老中の失脚

意次に将軍への道を絶たれた定信

田沼意次の失脚で田沼時代が終わり、意次に代わって幕閣の中心に躍り出たのが老中・松平定信《まつだいらさだのぶ》だ。定信は在任中に江戸三大改革の一つ「寛政の改革」を行った。しかし、思うような成果を出せず、寛政五（一七九三）年に老中職を解任された。意次のときと同じように、形式上は定信の辞職願が認められた辞任とされるが、その実態は解任である。

この解任は定信にとっても驚きだった。なぜなら、辞職願は形だけのもので、本人は慰留されるものと思っていたからだ。それにもかかわらず、定信が解任されたのはなぜなのか。寛政の改革に失敗したというが、定信の改革政治は多岐にわたっており、あまりにも漠然としている。定信を解任させたより直接的な原因は何なのか、また、そこに人は関与していなかったのか、そうだとすればその人物は誰なのか。この項では「松平定信解任事件」にまつわるこれらの謎を追ってみたい。

そこで初めに、定信の老中就任までの歩みを振り返ってみよう。定信は御三卿の一つ田安家の初代当主・田安宗武《たやすむねたけ》（八代将軍・吉宗の次男）の子として生まれた（幼名・賢丸《まさまる》）。

成長した定信は、早くから将来の将軍候補の筆頭と見られるようになった。ところが、安永三（一七七四）年、幕府から陸奥国白河（福島県白河市）藩主・松平《まつだいら》（久松《ひさまつ》）定邦《さだくに》の養子になるよう命じられる。この幕命について定信は、のちに著した自叙伝『宇下人言《うげのひとこと》』のなかで「そのときの執政ら、おしすすめてかくはなりぬ」と記している。

自叙伝に記した「そのときの執政」とは、他でもない田沼時代を築いた意次である。意次は聡明な定信が将軍に就任すれば、自分の権勢に支障が出ることを恐れ、定信を白河藩主に命じて次期将軍候補から外したのだ。そして、この画策に協力したのが、一橋治済《ひとつばしはるさだ》（十一代将軍・家斉の父）と見られている。

天明三（一七八三）年、定信は松平（久松）家の家督を相続し、白河藩主として藩政改革に取り組んだ。しかし、その後も幕政へ強い関心を抱き続け、譜代中小藩主らとの会合を頻繁に開催し、時勢を語り幕政を批判するようになった。定信はこの会合に参加した藩主らを『宇下人言』に〝信友《しんゆう》〟と記した。その信友には陸奥国泉（福島県いわき市）藩主・本《ほん》多《だ》忠籌《ただかず》、美濃国大垣（岐阜県大垣市）藩主・戸田氏教《とだうじのり》らがおり、のちには三河国吉田（愛知県豊橋市）藩主・松平信明《まつだいらのぶあきら》、伊勢国八田（三重県四日市市）藩主・加納久周《かのうひさちか》、越後国長岡（新潟県長岡市）藩主・牧野《まきの》忠精《ただきよ》らも加わった。この会合で定信は信友らとともに、意次によって歪められた幕政を本来の形に戻すことをめざしたという。

世直しの始まりと思われた定信の政策

天明四年、田沼意知刺殺事件が起きると、この事件に影響を受けた定信は懐剣をふところにして登城した。定信は意次を刺殺しようとその機会を窺がったが、殿中での刺殺が将軍に対する不忠な行為になると思いとどまったという。

その後、定信は幕閣入りをめざし、六年、溜之間詰に昇格した。溜之間は御家門や譜代大名が詰める部屋で、溜之間詰の大名は幕政の重要な政務に関与した。定信はそこで有力諸大名との接触を重ね、同年八月に意次が老中を辞職すると、閏十月、御三家から老中に推挙された。

七（一七八七）年六月十九日、定信は三十歳で老中首座に就任した。当日、定信は木綿と麻の質素な礼服を着て、簡素な弁当を携え、駕籠で登城した。定信は駕籠をわざとゆっくり進めさせ、民衆から駕籠訴を受けやすくしたといわれる。そんな定信の老中就任を民衆は大いに歓迎し、定信を「文武両道左衛門源世直」と呼んだ。

こうして定信は民衆の期待を一身に受けて登場したが、最初に着手したのは人事だった。老中就任の翌月六日、定信は勝手掛を兼務すると、十七日、忠籌を若年寄勝手掛に起用し幕府財政の実権を掌握した。忠籌は定信から「勇偉高邁にして真の英雄」と称賛されている。また、二十六日には久周を御側御用取次役に登用し、自分の最側近とした。この御側御用取次役の支配下には隠密御用を務めた御庭番がおり、定信は御庭番を使って田沼派の役人の素行を探らせた。その結果、田沼派の勘定奉行や遠国奉行《おんごくぶぎょう》など役人の不正・失政を次々と暴いて罷免した。この定信による粛清が猛威を振るうと、九月には田沼派の大老・井伊直幸《いいなおゆき》が辞職し、十月には意次の居城・相良城と所領も没収された。

八（一七八八）年三月四日、定信は十六歳の十一代将軍・家斉の将軍補佐に就任し、確固たる地位を築いた。その後、水野忠友と松平康福《まつだいらやすよし》を解任し田沼派の老中を一掃すると、信友の信明、忠籌、氏教らを老中や老中格に登用した。

こうして船出した新政権は「田や沼やよごれた御代を改めて　清くすむるは白川の水」と謳歌された。以後、定信は藩政時代の実績を自信に次々と改革（寛政の改革）に着手していくが、定信が理想としめざした政治は、崇拝する祖父・吉宗時代の将軍親政だった。

新政権は経済政策を中心とした都市社会政策、農村復興策、財政政策、思想・情報統制策など諸政策を次々と実施していく。新政権の物価対策と順調な作柄のおかげで米価は低落。庶民は喜んだが、蔵米を換金して暮らす旗本や御家人は手取りが減少して生活が窮乏した。そこで、定信は寛政元（一七八九）年、「棄捐令《きえんれい》」（札差《ふださし》債権処分法）を発布し、札差の旗本・御家人に対する債権を棒引きにした。旗本・御家人らは定信を「世直し大明神」として崇め、御神酒《おみき》を供えて手を合わせたという。新政権は他にも「天明の大飢饉」で激増した浮浪者・無宿人の更生施設である人足寄場を石川島に設けたほか、「七分積金の法」（七分積立の制）の実施、「旧里帰農（奨励）令」の公布なども行った。

ほころびが出始めた定信の改革政治

以上見てきたように、定信の改革政治は当初、一応の成果をあげた。しかし、年々、その成果は見られなくなり、庶民や旗本・御家人らの幕府への期待は薄れていく。世直しとして高い評価を得た問屋・株仲間・会所の解散も一部の悪質な問屋仲間の解散にすぎず、庶民が期待した効果はなかった。また、南鐐二朱銀《なんりょうにしゅぎん》や真鍮四文銭《しんちゅうしもんせん》の発行停止も一時的には銭相場の回復を見たが、すぐにまた下落した。米価だけは連年の作柄の良さに助けられて低落したが、諸物価は一向に下がらなかった。

七分積金の法も、地主が無理な節減額を計上し、市中には苦情・不満の声が広がった。また、更生を目的としたはずの人足寄場の設置も、その実態は劣悪な環境の施設に収容することで浮浪者・無宿人の発生を予防することが主眼だった。さらに、旧里帰農令も不人気で出願者は少なく、江戸の人口増大は解消されなかった。

こうして改革政治のほころびが明らかになっていくと、庶民の不満は幕府の奢侈禁止にともなう諸政策に向けられた。華美な織物・道具類・料理や贅沢な衣服・飾りものなどをことごとく禁じる禁欲的な政策に庶民は嫌気がさした。そして、定信の改革に失望し、田沼時代を〝恋しく〟思うようにさえなったのである。

そんな定信の改革政治に陰りが見え始めた頃、寛政元年に朝廷は第一一九代光格天皇《こうかくてんのう》の父・閑院宮典仁親王《かんのいんのみやすけひと》に太政《だいじょう》（「だじょう」とも）天皇の尊号を宣下すべく幕府に同意を求めた。これに対して定信は「在世に私親に尊号をおくった先例はない」として拒否したが、朝廷は公卿から異例の群議をとりまとめ、再度、幕府に尊号の宣下を求めた。すると、定信は武家伝奏の正親町公明《おおぎまちきんあき》を逼塞、議奏《ぎそう》（天皇に勤仕する公卿）の中山愛親《なかやまなるちか》を閉門に処した。これにより、天皇は父への尊号宣下を断念した。

この事件（尊号一件・尊号事件）後、定信は将軍・家斉や大奥と対立。五年、定信は将軍補佐と老中を解任された。そのため、定信の解任は尊号一件が原因と見る説が有力である。そこで、当時の状況を見直してみると、定信の解任に暗躍した人物の顔が見えてくるのだ。

尊号一件で定信が朝廷対策に苦慮している頃、将軍・家斉は実父の治済を大御所として西の丸に移すことを定信に希望した。これは天皇が父親に太政天皇という尊号を宣下しようとしたのと同じ構図である。しかし、定信はこれに対しても、大御所とは前将軍の称号であるから治済を大御所として扱うのはよくないとして反対した。定信にすれば天皇の父親にさえ尊号を贈ることに反対したのに、将軍の父親に大御所の称号を贈るわけにはいかなかったはずだ。ちなみに、治済は寛政元年にも実兄の越前国福井（福井県福井市）藩主・松平重富《まつだいらしげとみ》の官位昇進を定信に請願したが、これも反対されている。

これら一連の事件は、家斉と治済およびその一派の定信に対する反発を大きくした。前述したように、治済は意次が定信を将軍候補から外す画策に協力した人物だ。また、田沼時代には田沼家と絆を太くし、意次と協力して家斉を将軍・家治の世子にしている。しかし、その後、意次が失脚するや、定信の老中就任を実現するために御三家とともに動いたのも治済だった。まさに風見鶏のごとく時勢を読む政治家だったのである。

その治済が再び時勢を読み、定信を見限る原因となったのが、上記の二つの事件ではないだろうか。治済にすれば定信はあくまでも家斉を支える幕閣にすぎない。その幕閣が将軍以上に権力を持ち、将軍の希望にも応じないとなれば、もはや用はないのだ。また、定信の改革政治は当初こそ世間の評判はよかったが、その後、輝きを失いつつあった。そんな世間の風潮を治済が見逃すはずがなかった。

定信一派の亀裂に乗じた治済の陰謀

一方、定信の側にも変化が表れた。改革政治が機能しなくなると、一枚岩と思われた定信一派にも亀裂が生じ始めたのだ。天明八年、側用人・忠籌およびその家臣らの収賄の風聞が流布し、定信の耳にも入った。以来、定信は忠籌を警戒するようになった。

ところが、翌年、定信はその忠籌に書状を送り、老中の信明が定信からの相談には応じるが建議をしないことや、信明の家臣が「定信の政治運営に主君が不満を漏らしていた」と語っていたことに対する疑念を伝えた。そして、それが信明が改革を挫折させ、自分が老中首座に就こうとする証拠であると続けている。

事実、忠籌と信明は漸進的な改革をめざし、定信の急進的な改革には反対だった。また、忠籌にも定信に対する不満があった。忠籌はかねてから老中に昇進することを希望していたが、定信は応じることがなかった。

しかし、寛政二（一七九〇）年、定信は尾張徳川家と水戸徳川家から要請され、不本意ながら老中格に昇進させ、御用部屋への出入りを許可した。これは忠籌が御三家の両家に昇進を願い出た結果だった。ところが、翌年、忠籌は定信と激論し、主たる勤務場所を御用部屋から御側御用取次の部屋に替えられている。

こうした定信一派にできた亀裂を治済は見逃さなかった。治済は忠籌や信明はじめ定信一派の役人らを味方につけて反定信派をつくったのだ。また、寛政五年には家斉も二十一歳の大人に成長していた。定信の独裁から家斉の親裁へ、それが治済の考えだった。その構想の邪魔になるのが定信であり、治済は定信追放の機会を虎視眈々と窺っていた。

定信は老中就任以来、何度も辞職願を出してきた。それは節目ごとに自分の政治が間違っていないか確認する行為でもあったが、見方を変えると、定信一流の延命策でもあった。つまり、辞職願を出し慰留されることで将軍の「お墨付き」をもらい、また新たに自分の思いのままに幕政をとりしきることができるというわけである。

五年七月、定信はこれまでと同じように辞職願を出した。そして、いつものように慰留されるものと思っていると、辞職願は受理され解任となった。この解任手続きに関わった一人が忠籌である。忠籌は定信から「勇偉高邁にして真の英雄」と称賛され、定信の信頼が厚かった。しかし、年月は人を変えた。

これまで定信を支えてきた尾張徳川家と水戸徳川家は治済から定信解任の内報を受けると、解任理由を書状で忠籌に問うた。すると忠籌は、将軍が自分の意志と定信の考えに齟齬が出ることを危惧した旨を伝えたという。定信解任の二日後、治済は次期政権の人事を具体的に指示したとされ、その政権の中心には忠籌の名があったという。

文政四（一八二一）年――相馬大作事件

喝采された「みちのくの忠臣蔵」

弘前藩主襲撃に失敗した秀之進

十七世紀中頃から十八世紀後半にかけて、イギリス革命はじめアメリカ独立革命・フランス革命が相次いで起こり、欧米諸国は近代に向けて大きく動き出した。その後、ロシアやアメリカが太平洋へ進出するようになると、日本近海にはロシア船・アメリカ船・イギリス船など異国船が頻繁に現れるようになった。すると、老中・松平定信は寛政三（一七九一）年、「異国船取扱令」を発令した。「異国船取扱令」とは日本沿岸に接近する異国船の取扱いに関する法令で、後述する「異国船打払令」もその一つである。この年の法令では、異国船来航の際には船体・船員を抑留して幕府の指示を仰ぐよう命じている。

その後も異国船の来航は増え、幕府は九（一七九七）年、閏七月と十二月の二度にわたり「異国船取扱令」を発令した。この年はまた、各地に唐船が漂着。十月には幕臣で北方探検家の近藤重蔵《こんどうじゅうぞう》が幕府に海防強化を建言している。

文化元（一八〇四）年、ロシアの日本使節レザノフがナジェジダ号で長崎に到着後、幕府は北方警備に追われるようになる。レザノフが日本との通商関係樹立のため、三（一八〇六）年と四（一八〇七）年にサハリンとエトロフで襲撃事件を起こすと、幕府は東北諸藩に蝦夷地（北海道）への出兵を命じた。また、陸奥・出羽・越後の諸国に異国船取締強化を命じた。さらに、同年十二月には「ロシア船打払令」を発令している。

こうして幕府が北方の警備を強化するなか、文政四（一八二一）年、弘前（青森県弘前市）藩（津軽藩）藩主・津軽寧親《つがるやすちか》が盛岡（岩手県盛岡市）藩（南部藩）士・下斗米秀之進《しもどまいひでのしん》に襲撃される事件が起きた。事件の概要を先に述べると、四月二十五日、寧親は江戸在府の勤務を終え、領地の弘前に帰ろうとしていた。寧親が家臣を従え秋田藩領白沢村（秋田県大館市）の間道を進むと、岩抜山に潜んでいた秀之進および門弟・関良助《せきりょうすけ》らの一味が突然、行列を襲撃した。一味は藩主・寧親が乗っていると見た駕籠に向かって大砲を撃ち込んだが、なぜか駕籠は空だった。

実は、一味のうちに裏切り者が出て、襲撃計画を事前に津軽家に密告していたのだ。この密告を受け、津軽家は襲撃に備えて寧親を藩主の駕籠に乗せなかったのである。寧親襲撃計画が失敗に終わると、秀之進は江戸に出奔した。そして、盛岡藩に累を及ぼすことを危惧して名を相馬大作《そうまだいさく》と変えた。この改名から事件は「相馬大作事件」とも「南部騒動」とも呼ばれた。

江戸に身を隠した大作（秀之進）は、町道場を開いて暮らしていた。ところが、十月、幕府の協力を得た弘前藩の用人・小笠原八郎兵衛《おがさわらはちろうべえ》によって捕らえられた。大作は最後まで自分の単独犯であることを訴え続けたが、翌年、良助とともに千住・小塚原で獄門に処せられ、三十四歳の生涯を終えた。

北方警備の重要性を痛感した秀之進

以上が相馬大作事件の概要で、大作こと秀之進が弘前藩主・津軽寧親を襲撃した背景には南部家（盛岡藩）の津軽家に対する積年の恨みがあったという。南部家と津軽家の歴史をさかのぼると、戦国時代、南部氏は津軽氏（大浦氏）を配下にしていた。ところが、津軽《つがる》（大浦《おおうら》）為信《ためのぶ》（弘前藩初代藩主）が南部氏の内紛に乗じて津軽地方を統一。その後、豊臣秀吉から津軽領有を承認され南部氏から独立してしまった。

以来、南部家は主家を裏切った津軽家への遺恨が消えなかった。そして、盛岡藩十一代藩主・南部利敬《なんぶとしたか》のとき、津軽家は幕府に盛んに働きかけた結果、石高が四万七〇〇〇石から七万石、さらには一〇万石へと格上げとなった。また、官位も利敬と同格の四位の侍従に叙任された。これに利敬は憤った。もとは家臣筋にあたる津軽家が主家の南部家以上に隆盛し、家格を上げていくことが許せなかった。利敬は津軽家に対する憤懣を大きくしたが、そこに積年の恨みが重なり、やがて鬱を患い、文政三（一八二〇）年、ついに憤死した（享年三十九）。死を目前にした利敬は「われに第二の大石内蔵助はいないのか」といいのこしたという。

利敬の死後、家督を継いだ利用《としもち》は幼主のため盛岡藩の藩主は無位・無官となり、南部家の家格は津軽家より下になった。これに憤激し、第二の大石内蔵助にならんとしたのが秀之進というわけだ。

つまり、大作の寧親襲撃は藩主・利敬の津軽家に対する遺恨を晴らすことにあったのだ。そこでこの事件を知った江戸の庶民は、大作を赤穂事件の大石内蔵助良雄になぞらえて「赤穂義士の再来」「みちのくの忠臣蔵」として喝采した。

事件後、大作こと秀之進は「忠臣」として評価されたが、本当に藩主の無念を晴らすために寧親を襲撃したのだろうか。近年の研究では、秀之進に寧親殺害の意思はなかったともいわれている。秀之進の寧親襲撃の真の動機は何だったのか。そこで秀之進の履歴を見直してみると、事件は違う様相を呈してくる。

秀之進は陸奥国二戸《にのへ》郡福岡（岩手県二戸市）で盛岡藩の牢人・下斗米総兵衛《しもどまいそうべえ》の子として生

まれた。遠祖は平将門《たいらのまさかど》だという。文化三年、十八歳のときに江戸に出て著名な剣士で兵学者の平山行蔵《ひらやまこうぞう》に武芸を学び、門人四傑の一人となるまで腕を磨いた。この江戸滞在中に秀之進が武術以外に行蔵から学んだのが世界情勢だった。四年、行蔵はロシアの南下を危惧し、幕府に対して北方鎮定のための先兵を願い出たが、赦されなかった。

十一（一八一四）年、秀之進は帰国して道場を開き、平山流武術を良助ら弟子に教えた。その三年後、親友の細井萱次郎《ほそいかやじろう》（江戸中期の儒者・細井広沢《ほそいこうたく》の孫）と蝦夷地を視察し、北方警備の重要性をひしひしと感じたという。

秀之進が北方警備を憂慮するなか、多くの大名は泰平の世に慣れ過ぎて昇格運動に奔走していた。弘前藩は北方警備の重要な役を担いながら、藩主の寧親もまた賄賂を駆使して昇格を果たした。秀之進にはそんな寧親が許せなかった。そこで襲撃することになったが、近年の研究によると、秀之進は襲撃前に寧親に書状を送って改心と隠居を勧めていたという。しかし、これに寧親が従わずやむをえず襲撃にいたったが、密告も寧親に危害を加えないよう秀之進が差し向けたという説もあるのだ。

結局、相馬大作事件は北方警備の重要性を痛感した秀之進が、北方警備よりも家格の上昇を競い合っていた南部・津軽両家に目を開かせ、両家が協力して北方警備に当たることを促すために起こした事件なのである。

第4章

幕末動乱期の謎の事件

天保八（一八三七）年──大塩平八郎の乱

挙兵した陽明学者の本当の目的

名与力と称賛された平八郎の挙兵

天保八（一八三七）年四月、家斉《いえなり》は将軍職を子の家慶《いえよし》に譲った。家斉の在位は五〇年に及び、歴代将軍のなかで最長だった。この代替りの二か月前の二月十九日、元大坂東町奉行所与力の陽明学者・大塩平八郎《おおしおへいはちろう》が挙兵した（大塩平八郎の乱）。この反乱は一日で鎮圧されたが、大坂市中の約五分の一を焼き払い二万軒近い家屋が焼ける衝撃的な事件となった。

平八郎の挙兵の動機は貧民救済にあったといわれる。当時の日本列島は同四（一八三三）年から七（一八三六）年にかけて、「天保の飢饉」とよばれる飢饉に襲われ、各地で米価が高騰した。多くの藩が藩外に米を移出することを留めた（穀留《こくどめ》）ため、江戸や幕府直轄地の大坂も米不足となった。各地で大規模な農民一揆が起こるなか、大坂の窮民は大坂町奉行に救済を求めたが、なんら対策は講じられなかった。

そんななか、大坂町奉行が幕府の意向に従い大坂の米を江戸へ送った（廻米《かいまい》）ため米不足はますます深刻化し、大坂やその周辺には餓死者が増大した。この惨状を見た平八郎が大坂町奉行の無為無策に憤激し兵を挙げた、というのがこれまでの通説である。

ところが、近年、平八郎の挙兵には別の目的があったともいわれている。はたして大塩平八郎の乱の本当の目的は何だったのか、ここではこの謎に迫ってみたい。そこで、まず平八郎の挙兵までの経緯を振り返ってみよう。

平八郎は寛政五（一七九三）年、大坂天満（大阪府大阪市）に生まれ、十四歳のときに東町奉行所与力見習となり、以後、天保元（一八三〇）年に三十八歳で退職するまで勤務した。与力・平八郎の正義感と潔癖さを伝える次のような逸話がある。

あるとき、平八郎は自分が担当している訴訟の原告から菓子折りを贈られた。時代劇でよく見るように、菓子折りの箱の底には小判がしのばされていた。後日、判決を下す際、平八郎は開口一番、原告に対して菓子折りの一件を批判した。そして、居並ぶ役人に向かって「諸君らが甘いものを好むから、このようにしてつけこまれるのだ」と戒めたという。

平八郎は「名与力」と称賛されるほど有能で、数々の実績をあげた。そのうちの「平八郎三大功績」の一つが、文政十（一八二七）年に京都で詐欺教団を逮捕した事件（切支丹逮捕一件）だ。平八郎は陰陽師をかたった一味が隠れキリシタンであることを突き止めた。二つ目の功績は、十二（一八二九）年の西町奉行所与力・弓削新右衛門《ゆげしんえもん》の不正摘発（奸吏糾弾一件）で、平八郎は綱紀粛正に貢献した。三つ目の功績は天保元年の破戒僧の処刑（破戒僧侶遠島一件）だ。人別帳（戸籍）の管理を任された破戒僧がそれを悪用して庶民に不法な金品を要求した事件で、平八郎は五〇人以上を流刑とし庶民から絶賛されている。

「救民」と書かれた旗印を掲げ挙兵する

その一方で、平八郎は在職中に自宅の屋敷に家塾・洗心洞《せんしんどう》を開き、陽明学を講じていた。陽明学は中国の明代の思想家・王陽明《おうようめい》が提唱した理論で、心学《しんがく》とも呼ばれた。陽明学は実践を重視し、認識（知）と実践（行）の一致（知行合一《ちこうごういつ》）を説き、江戸時代には朱子学と並んで多くの学者を輩出した。七（一八二四）年、平八郎は儒学者の頼山陽《らいさんよう》と知り合い、山陽から「小陽明」と高く評価されるほどになっていた。退職後は家督を養子・格之助《かくのすけ》に譲り、陽明学者として学問と教授に専念した。

天明の飢饉による大坂の惨状を目にした平八郎は、与力の格之助を通じて東町奉行・跡部山城守良弼《あとべやましろのかみよしすけ》に再三、貧民の救済を要請した。すると、良弼は「隠居の身でありながら政治に口を出すなら強訴の罪に処す」と平八郎を脅した。良弼は老中・水野忠邦《みずのただくに》の弟で、江戸への廻米は忠邦の指示だった。平八郎はまた貧民救済のために三井や鴻池《こうのいけ》ら豪商に六万両の借金を求めたが、これも断られた。そこで平八郎は、天保八年二月、自分の蔵書五万巻を売り、その代金六二〇両余（一〇〇〇両余とも）を窮民一万戸に一朱ずつ施した。これは、のちの挙兵の際、民衆の支持を得るねらいがあったと見られている。

二月十九日、平八郎は自分の門弟である与力・同心や富農らとともに「救民」と書かれた旗印を掲げ挙兵した。これに貧農や貧民が加勢し、軍勢は約三〇〇人に達した。しかし、多勢に無勢で反乱は一日で鎮圧され、平八郎は格之助とともに逃亡。約四〇日間消息を絶ったが、ついに隠れ家を見つけられると、自ら火を放ち命を絶った（享年四十五）。翌年九月、幕府は平八郎ら一八人の死骸に対して反逆罪を宣告し、死骸を磔刑に処している。

事件後、大坂の民衆は自分たちの住む町を焼き払った人物であるにもかかわらず、平八郎を「大塩様」といって崇めた。それは貧民救済のために幕府に反旗をひるがえした平八郎への喝采だった。また、大塩父子の生存説も流布され、平八郎は挙兵によって英雄視されるようになったのである。しかし、その一方で平八郎の学問は独学によるもので「わがまま学問」と蔑《さげす》まれることがあった。また、幕府の官学・朱子学を軽んじたことで処罰されそうになったこともある。事件はそんな正義感の塊のような平八郎によって引き起こされた、というのがこれまでの通説である。

ところが近年、通説に異論が唱えられている。つまり、平八郎が挙兵した本当の目的が別にあったというのである。以下、この異説を見ていくことにする。

届かなかった平八郎の密書

異説の根拠となっているのが、昭和五十九(一九八四)年および平成元(一九八九)年に発見された三通の密書だ。平八郎は挙兵の前日、老中首座・大久保忠真《おおくぼただざね》と幕府儒官・林大学頭述斎《はやしだいがくのかみじゅつさい》、水戸藩主・徳川斉昭《とくがわなりあき》宛てに書状を送った。その内容は、前述の平八郎三大功績の一つ奸吏糾弾一件の調査過程で知り得たものだった。三通の密書には忠真の京都所司代時代の不正をはじめ多くの幕府関係者の違法な資金調達の証拠書類が封入されていた。また、時の老中六人のうち四人が不正に関与したことが記され、そのなかには忠真のほかに忠邦の名もあった。つまり、密書の内容は、幕府上層部の汚職に関する告発であり、平八郎が挙兵した真の目的は一大汚職事件の暴露にあったというのである。

ところが、三通の密書は届くことがなかった。密書の飛脚が急病になったことが原因だという。汚職事件は闇に葬られ、忠真や忠邦らが処罰されることはなかった。一説に反乱軍が鎮圧された後、平八郎父子が逃亡・潜伏したのは、その間に密書によって上層部の汚職が明らかになり、江戸で何かが起こるのを待っていたともいわれている。平八郎は忠真や忠邦の失脚を期待したにちがいないが、その期待に沿う展開にはならなかった。

天保十（一八三九）年――蛮社の獄

幕政批判で逮捕された蘭学者の悲劇

蘭学者の崋山と長英が逮捕される

将軍・家斉の治世である化政期（文化・文政期）から天保期にかけて、日本に対する諸外国からの開国を求める声が高まった。天保八年、大塩平八郎の乱が鎮圧され、家斉が将軍職を家慶に譲った後の六月二十八日、浦賀沖（江戸湾の入口）にアメリカ商船モリソン号が来航した。モリソン号には船長のD・インガソルと乗組員のほか総勢三八人が乗船していたが、そのなかに七人の日本人漂流民がいた。このうちの音吉《おときち》ら三人は尾張の廻船・宝順丸の乗組員だった。

三（一八三二）年、宝順丸は遠州灘（静岡県から愛知県の海岸一帯）で遭難し、一年以上北太平洋を漂流した後、イギリスの国策会社ハドソン湾会社に助けられた。その後、マカオに送られ、モリソン号で日本に送還されようとしていた。しかし、モリソン号の日本来航の目的は音吉ら漂流民の送還だけではなかった。それはあくまでも便法で、本当の目的は日本との通商と布教の要求にあった。ところが、江戸湾防備にあたっていた浦賀奉行は砲撃を開始し、危険を察知した船長は浦賀沖から脱出し、七月十日、鹿児島湾の入口に到着した。しかし、ここでも薩摩藩（鹿児島県鹿児島市）から砲撃を受け、モリソン号は漂流民を送還することなくマカオへ帰還した。この一件は「モリソン号事件」と呼ばれる。浦賀奉行や薩摩藩がモリソン号に砲撃して追い払ったのは、文政八（一八二五）年に幕府が発令した「異国船打払令」（無二念《むにねん》打払令とも）に従ったことによる。

　モリソン号事件の翌年の十月、江戸で「尚歯会《しょうしかい》」の例会が開かれた。尚歯会は江戸の山の手に住む洋学者（蘭学者）を中心に結成された知識人の研究会である。西洋文物の研究や政治・経済に関する新知識や情報の交換を目的とし、「蛮社」（蛮学社中の略）とも呼ばれた。この当時の尚歯会の盟主は三河国田原（愛知県田原市）藩の家老で蘭学者の渡辺崋山《わたなべかざん》だが、実質的な指導者は町医師で蘭学者の高野長英《たかのちょうえい》だ。長英はシーボルト（ドイツ人の医師・学者）の鳴滝塾《なるたきじゅく》で西洋医学と関連諸科学を学び、のちに江戸に戻っていた。尚歯会には他にも和泉国岸和田（大阪府岸和田市）藩の藩医で蘭学者の小関三英《こせきさんえい》、勘定吟味役・川路聖謨《かわじとしあきら》、代官・江川太郎左衛門英龍《えがわたろうざえもんひでたつ》らが名を連ねていた。

　この日の例会には幕府評定所留役《とめやく》（記録方）・芳賀市三郎《はがいちさぶろう》が出席していた。その市三郎がモリソン号の再来航の際には打払いを適用するという評定所の評議を漏らしたことから、近世洋学史上最大の弾圧といわれた「蛮社の獄」が起きた。蛮社の獄は天保十（一八三九）年十二月、尚歯会の仲間が弾圧された事件で、崋山と長英が逮捕され、三英は司直の手が及ぶのを恐れ逮捕前に自殺した。その後、崋山は永蟄居、長英は永牢に処された。

老中・忠邦も憂慮した異国船の出没

崋山や長英らの処罰の理由は幕政批判とされるが、その内容はどんなものだったのか、なぜ二人は幕政を批判したのか。これらがこの事件の謎である。事件の経緯を振り返ってみよう。前述した市三郎が漏らした評定所の評議とは、次のようなものだった。六月、長崎奉行・久世広正《くぜひろまさ》が幕府に、日本人が異国で漂流したときの対応として「オランダ船で送還するよう」申し渡してよいかという伺《うかがい》を出した。これに対して評定所一座は「中渡し不要」とし「無二念打払令を心掛けるのが専要」と主張した。つまり、評定所の評議は、モリソン号の再来航に対する措置を審議したものではなかったが、間接的にそれが再来航した際のモリソン号への対応となった。

この評定所の評議を知った長英は『戊戌夢物語《ぼじゅつゆめものがたり》』（『夢物語』とも。以下、『夢物語』）を著し、そのなかで無二念打払令はイギリスの反感を招き、後日、患害《かんがい》（わざわい）を生むと批判して、モリソン号を追い払った日本を「不仁《ふじん》の国」とした。崋山もまた、『慎機論《しんきろん》』を著し、鎖国体制を固守することはかえって外国の侵略を招く恐れがあると幕府を批判した。しかし、崋山は内容があまりに過激だったことから、自ら草稿を反古《ほご》にしており『慎機論』は公表されていなかった。

崋山と長英はそれぞれ著書で幕府を批判したが、幕閣や幕臣のなかにも日本の異国船対応に危機感を抱く者がいた。老中・水野忠邦もその一人だった。前述した長崎奉行の伺に対して、十二月、忠邦は評定所一座の「異国船打払」という評議を採用せず、漂流民の来航船での帰還を商館長に命令するよう決定を下した。その背景には、「異国船打払令」を発令していても漂流民の帰還や外国人の上陸が止まないという実態があった。

このため忠邦は江戸湾防備の強化を本格化するために、十一月、目付・鳥居耀蔵《とりいようぞう》と代官・江川英龍に相州備場見分《そうしゅうそなえばけんぶん》（浦賀はじめ江戸湾の防備個所の巡見）を命じた。耀蔵は儒学者・林述斎の次男で自らも儒学を学び、大の洋学嫌いとして知られた。そのため、崋山はじめ尚歯会の蘭学者らに強い反感を抱いていた。一方、英龍は尚歯会の仲間で、耀蔵が嫌う崋山ら蘭学者と交流があった。

耀蔵と英龍はそれぞれ測量技術者を随行したが、小人目付《こびとめつけ》・小笠原貢蔵《おがさわらこうぞう》を随行した耀蔵は当初、英龍が伊賀者の内田弥太郎《うちだやたろう》を起用することに反対した。弥太郎もまた尚歯会の仲間で、崋山が英龍に要請されて推薦した人物だった。耀蔵はそれが気に入らなかったのだ。巡見後、二人は個別に検分復命書を忠邦に提出した。その結果は、英龍が提出した江戸湾防備改革案のほうが耀蔵の保守的な復命書よりはるかに革新的だった。そのわけは、英龍が改革案の立案にあたって、崋山の著書『諸国建地草図《しょこくけんちそうず》』を参照にしたことにあった。それを知った耀蔵は、崋山はもちろんのこと英龍ほか尚歯会の仲間に対してさらに強い敵意を抱くようになった。そして、耀蔵は尚歯会の面々を皆捕らえることを謀り、配下の貢蔵に忠邦の内命と偽って『夢物語』の著者について探索するよう命じたのである。

鎖国体制から脱却できない海防政策

耀蔵が崋山を嫌うようになった原因の一つが、父・述斎の下屋敷の一件である。天保六（一八六五）年頃、崋山は田原藩の家老として藩政の建て直しに取り組んでいた。その最中、述斎は田原藩下屋敷の隣地に下屋敷を下賜されたが、述斎はこの地に茶屋を建てる余地がないという理由で田原藩に替え地の申し入れを行った。しかし、田原藩下屋敷は崋山が仕えていた三宅友信《みやけとものぶ》（前藩主・三宅康明《みやけやすてる》の弟）の根拠地だったため崋山は断った。その後、述斎から再三申し入れがあり、結局、崋山は抗しきれなくなったが、この一件で耀蔵の崋山に対する印象は悪くなったという。

さて、その後、耀蔵の命を受けて探索にあたった貢蔵は、その結果を復命書として耀蔵に提出した。そこには『夢物語』が長英の翻訳に基づいて崋山が執筆したことや、江戸市中で無人島（小笠原諸島）渡航計画が企てられていることなどが記されていた。耀蔵が無人島渡航計画の再調査を命じると、関係者として崋山の名が出てきた。この調査結果を喜んだ耀蔵は、自分の陰謀であることを知られないために下級役人・花井虎一《はないとらいち》の密訴という形で告発状を忠邦に提出したのである。

だが、忠邦はすぐには動かなかった。というのは、耀蔵から受けた告発状のなかに信頼していた幕臣、英龍や羽倉外記《はぐらげき》らの名があったからだ。そこで忠邦は耀蔵には知らせずに再調査を行ったところ、英龍はじめ一部の幕臣が事件に無関係であることがわかった。その結果、英龍らは告発を免れている。しかし、十年五月十四日、北町奉行所に崋山が召喚され、同日、僧侶の順宣《じゅんせん》・順道《じゅんどう》も無人島に渡航しようとしたとして逮捕された。十七日には三英が逮捕を恐れて自殺し、長英は逃走したが、翌日夜、北町奉行所に自首した。

その後の展開は崋山と長英にとって思わぬものとなった。逮捕後の取調べの結果、二人とも無人島渡航計画とは無関係であることが明らかになり、当初、二人は大事にはいたらないと考えていた。ところが、取調べの間に崋山の家に捜査が入り、押収された大量の反古のなかから『慎機論』や『西洋事情書』の草稿が発見されたのだ。

草稿の内容を知った幕府は、それが幕政批判・外国崇拝にあたるとした。崋山は「反古にしたものであり、誰にも見せたことがない」と弁明したが、国元の田原での蟄居を命じられた。また、長英も『夢物語』を執筆した罪で永牢の刑に処され、伝馬町（東京都中央区）の牢に入れられた。

二年後、崋山は南画の弟子が師の貧窮生活を救うために開いた書画会に、崋山も出品した。すると藩内に、蟄居の身でありながら不謹慎な行為であり、藩主にまでおとがめがあるだろうという噂が広まった。これを耳にした崋山は、藩主に累が及ぶことを避けるため自害した。長英は弘化元（一八四四）年、牢獄出火に乗じて脱獄した。その後、田原や江戸、宇和島（愛媛県宇和島市）など各地を潜行しながら逃亡生活を続けていたが、嘉永三（一八五〇）年、江戸・青山（東京都港区）の隠れ家を捕吏に急襲されて自害した。

蛮社の獄によって有能な蘭学者が相次いで命を落とすことになったが、その原因とされた幕政批判は異国船出没・開国要求という対外的危機感に発したものだった。その危機感は忠邦ら幕閣らも抱いており、日本の行先を憂う気持ちは崋山や長英となんら変わるところはなかった。それにもかかわらず崋山や長英が刑に処せられたのは、鎖国体制から脱却できず保守的な海防政策（異国船打払）にとらわれた幕府と、鎖国政策が時勢に合わないことを主張する蘭学者らとの海防に対する考え方の違いが原因だったのである。

嘉永二（一八四九）年 ―― お由羅騒動

家督をめぐる島津家の御家騒動

斉彬の子女が次々と早死にする謎

蛮社の獄から一〇年経った嘉永二（一八四九）年、薩摩藩で藩主の継嗣をめぐる御家騒動があった。騒動は十代藩主・島津斉興《しまづなりおき》と嫡男・斉彬《なりあきら》の父子による血肉の争いに発展したが、その陰で斉興の側室・お由羅《ゆら》の方の存在が大きく影響していたことから「お由羅騒動」（嘉永朋党事件とも）と呼ばれた。なぜ騒動は起きたのか、また、この騒動に幕府は関与したのか。以下、薩摩藩の御家騒動の謎を追っていくことにしよう。

事件は藩主・斉興の長い在位が関係していた。文化六（一八〇九）年、斉興は十九歳で藩主に就任したが、文政三（一八二〇）年まで祖父の重豪《しげひで》（八代藩主）が後見し、その後も重豪が実権をにぎり続けた。藩主就任の年に長男・斉彬が生まれ、斉彬は「生まれながらの世子」といわれた。斉彬は早くから聡明で知られ、高野長英はじめ蘭学者を招き先進知識の吸収に励んだ。その名声は次第に高まったが、元服を終えても父・斉興は隠居することなく、斉彬に家督を譲ることはなかった。

やがて、斉興の正室で斉彬の生母の周子《かねこ》が亡くなると、斉興の寵愛が強かった側室・お由羅の方が正室のようにふるまうようになった。また、藩内には斉興とお由羅の方の子・久光《ひさみつ》を次期藩主に推す一派（久光派）が勢力を広げ、斉彬の地位が揺らぎ始めた。藩内は斉興支持の調所広郷《ずしょひろさと》・島津豊後《しまづぶんご》・島津《しまづ》（碇山《いかりやま》）将曹《しょうそう》などの重臣らからなる久光派と、斉彬の藩主就任を待ち望む藩士らからなる斉彬派が対立し、一触即発の危険な状況にあった。

そんな最中、斉彬の子が次々に早世し、藩内にはお由羅の方の呪詛によるものという噂が広まっていた。あるとき、お由羅の方は兵道者《ひょうどうしゃ》（修験者）の牧仲太郎《まきちゅうたろう》に鹿児島城外で夷賊《いぞく》調伏《ちょうぶく》の修法を行わせたが、斉彬派はそれを斉彬とその子女を呪詛するものだといった。つまり、斉彬の子女をことごとく呪殺することで斉彬の藩主就任の芽を摘もうとしているというわけである。実際、斉彬の子女（六男六女）のうち八人が六歳までに亡くなった。

嘉永元（一八四八）年五月、斉彬の子・寛之助《かんのすけ》が四歳で急死し、屋敷の床下から呪詛に使う人形《ひとがた》と包み紙が見つかった。そこに書かれた呪文の筆跡が仲太郎のものとよく似ていたことから斉彬派は憤激した。斉彬派の家臣・相良市郎兵衛《さがらいちろうべえ》と相良宗右衛門《さがらそうえもん》が藩の重臣・伊《い》集院平《じゅういんたいら》に真相を究明するよう求めた。しかし、久光派の平は二人を遠島に処した。

翌年六月、斉彬の子・篤之助《とくのすけ》が二歳で早世すると、斉彬派は久光派の仲太郎や平らの暗殺を謀議した。ところが、この暗殺計画は裏切り者によって明るみになり、十二月三日、斉彬派の船奉行兼家老座書役・高崎五郎右衛門《たかさきごろうえもん》や町奉行兼物頭・近藤隆左衛門《こんどうりゅうざえもん》など六人が切腹させられた。さらに翌年、斉彬派の多くの者が切腹や遠島・閉門などに処され、その数は五〇人以上にもなった。このお由羅騒動は五郎右衛門や隆左衛門が処罰されたことから「高崎崩れ」あるいは「近藤崩れ」とも呼ばれている。

斉彬の蘭癖を嫌った父・斉興

以上見てきたように、お由羅騒動は薩摩藩内の藩主の継嗣をめぐる派閥抗争であり、その大きな原因は斉興が早くに嫡男の斉彬に家督を継がせなかったことにある。では、なぜ斉興はいつまでも藩主の座にしがみついていたのだろうか。

実は、その謎を解く鍵は祖父・重豪の治世にあったのだ。重豪は十一代将軍・家斉の岳父（重豪の三女・茂姫《しげひめ》が家斉の正室）で、幕府内でも御三家に準じる待遇を受けた。派手好きで好学な重豪はとくに蘭学を好み「蘭癖《らんぺき》」と称され、学術振興や藩の文化向上という開化政策のために膨大な資金を費やした。その政策は隠居後も続け、藩財政は破綻した。

家督を継いだ九代藩主・斉宣《なりのぶ》（重豪の長子、斉興の父）の家老・樺山主税《かばやまちから》や秩父太郎《ちちぶたろう》らは財政建て直しのため緊縮政策を行った。しかし、これが重豪の不興を買い、文化五（一八〇八）年、重豪は主税らを弾圧し、一〇〇人以上を処罰した。主税や太郎が中国の古典『近《きん》思録《しろく》』を重視したため、この事件は「近思録崩れ」（文化朋党事件とも）と呼ばれた。

この事件の翌年、斉宣は隠居し、次に藩主となったのが斉興だった。前述したように、斉興の藩主就任後も重豪が実権をにぎり続けたが、文政十（一八二七）年、斉興は五〇〇万両にも及ぶ莫大な借財を解消するため、広郷を起用して財政改革を断行。藩財政の破綻が重豪の蘭癖にあることを痛感した斉興は、我が子の斉彬が蘭学に夢中になっていることを嫌悪した。そして、斉彬に家督を継がせれば、その蘭癖が高じて再び藩財政が悪化することを恐れた。そのため斉興は藩主の座を斉彬に譲ろうとしなかったのである。

しかしまた、斉興が家督を譲らなかったのは、位階が原因だったという説もある。歴代の島津家の当主の多くは四位《しい》止まりで、従三位《じゅさんみ》まで昇進した藩主は二人しかいなかった。そんななかで斉興は三位昇進を願っていたが、藩主を退けばそれがかなわなくなると思い、藩主の座に固執したというのだ。

斉興から財政改革を命じられた広郷は期待に応え、琉球で密貿易を行うなど果敢な改革によって天保十一（一八四〇）年には藩庫に五〇万両の蓄えができるまで藩財政を建て直した。そして、弘化三（一八四六）年六月、薩摩に帰国した斉彬は広郷を中心とした調所派の権力が強大になっていることを知る。そこで斉彬は調所派を排除するため隠密を使って情報収集に励み、藩の密貿易を幕府に密告した。嘉永元年十二月十九日、幕府から追及を受けた広郷は芝の薩摩藩邸（東京都港区）で急死した。死因は病死とされたが、密貿易の責任をとって服毒自殺したと見られている。

また、この一件に関与したのが老中・阿部伊勢守正弘《あべいせのかみまさひろ》だった。開明的な正弘は斉彬と親交があり、以前から斉興の政策には批判的で斉彬の藩主就任を望んでいた。そこへ広郷の琉球貿易に関する虚偽報告（密貿易の露見）があったことで、斉興は幕府から隠居を命じられることになった。幕府からの再三にわたる隠居勧告によって四（一八五一）年二月、斉興は斉彬に家督を譲った。時に斉彬四十三歳での藩主就任である。

こうして斉興・斉彬父子の間で起きた権力闘争は、子の斉彬が勝利した形で終結したが、その陰で多くの命が犠牲になった。隆左衛門や五郎右衛門など五〇人以上の斉彬派の藩士らが粛清されたのは、前年に広郷が斉彬によって自害させられたことに対する斉興の報復である。また、斉彬はお由羅騒動には批判的で、隆左衛門らの行動を暴走と見ていた。斉彬には斉興を隠居に追い込む自分のシナリオがあり、お由羅騒動はそれに支障をきたすものでしかなかった。斉彬を藩主にするために斉興や久光派と抗争し粛清された斉彬派の藩士らには報われない事件だったのである。

安政五(一八五八)年――徳川斉昭謹慎事件

大老・井伊直弼による一橋派の粛清

押しかけ登城で処分された徳川斉昭

薩摩藩のお由羅騒動から四年後の嘉永六(一八五三)年六月三日、アメリカ東インド艦隊司令長官ペリーが率いる四隻の黒船が浦賀沖に来航した。九日、ペリーは久里浜(神奈川県横須賀市)に上陸しアメリカ大統領ミラード・フィルモアの親書(国書)を呈し、十二日、浦賀を去った。

その年の六月、将軍・家慶が亡くなり、十月に家定《いえさだ》が三十歳で十三代将軍に就任した。十一月一日、新将軍・家定は諸大名に対しペリー再来に備え、「通商要求には応じないが、万一開戦の場合に備えて防備体制を固めよ」という政策方針を宣言した。その後、幕府はペリーとの数度の交渉の末、七(安政元、一八五四)年三月三日、日米和親条約に調印。安政三(一八五六)年七月二十一日、アメリカ駐日総領事ハリスが日本を訪れ、翌年十月、江戸城で家定に謁見し、アメリカ大統領親書を提出して通商条約を結ぶよう要求した。

その後、幕府は九か月の間、ハリスに回答することがなかったが、同五（一八五八）年四月二十三日、近江国彦根（滋賀県彦根市）藩主・井伊《いい》直弼《なおすけ》が大老に就任すると、六月十九日、幕府はハリスと日米修好通商条約に調印した。

この幕末の動乱期のなか、七月五日、前水戸藩主・徳川斉昭《とくがわなりあき》はじめ尾張藩主・徳川慶恕《とくがわよしくみ》、水戸藩主・徳川慶篤《とくがわよしあつ》や一橋慶喜《ひとつばしよしのぶ》（斉昭の子。のちの徳川慶喜《とくがわよしのぶ》）、福井藩主・松平慶永《まつだいらよしなが》（春嶽《しゅんがく》）らが、直弼によって隠居・謹慎・登城停止などに処される事件があった。処分の主な理由は、登城日でない日に登城する「不時登城」で、俗に「押しかけ登城」といわれる。

斉昭は文政十二（一八二九）年に水戸藩九代藩主となり、藩政改革で実績をあげた。その一方で幕府に海防強化・尊王攘夷を説き、弘化元（一八四四）年、老中・阿部正弘から隠居・謹慎を命じられた。しかし、同年十一月、処分は解除され正弘との関係が改善されると、幕政に関与するようになり、ペリー来航後、幕府の海防参与に任じられた。

その幕府内でも重きを置かれた斉昭がなぜ不時登城をしたのか、また、直弼が斉昭らを処分した理由は本当に不時登城なのか、直弼の真意は何だったのか。これがこの事件の謎である。この事件には幕末動乱期の複雑な背景があるといわれる。そこでまずは、前述の黒船来航後から事件までの幕府の動向を追ってみることにしよう。

家定の結婚を画策した一橋派の斉彬

新将軍・家定は生来病弱で癇癪《かんしゃく》が強く、言語動作に不自由な面があった。判断能力に問題はなかったが健康状態に不安があり、実子誕生に望みをもてなかった。また、政治の経験もなく、この国難に対処するには力量不足の感が否めなかった。そのため幕閣内には早急に次の将軍を決めておこうという空気が漂うようになり、やがて将軍継嗣問題がわき起こった。

幕閣内は継嗣（後継ぎ）を誰にするかで意見が分かれ、斉昭の子である慶喜（十七歳）を推す一橋派と紀州藩主・徳川慶福《とくがわよしとみ》（のちの家茂《いえもち》、八歳）を擁立しようとする南紀派が対立するようになった。一橋派には斉昭はじめ慶永や老中の阿部正弘、薩摩藩主・島津斉彬らが与し、一方、南紀派には老中・松平忠固《まつだいらただかた》はじめ紀州藩家老・水野忠央《みずのただなか》や江戸城の溜之間詰にいた譜代大名の多くが含まれていた。そして、その譜代大名の一人に直弼がいた。

慶喜と慶福は従兄弟の関係にあり、年齢は慶喜のほうが慶福より上だが、従来のしきたりに従えば、家定に血統が近い慶福が次期将軍に選ばれるはずだった。しかし、当時の日本は諸外国から開国を迫られる国難の状況にあり、この難局を乗り切るには従来のしきたりにとらわれず血統よりも人物本位で将軍を選ぶべきだ、というのが慶喜を推す一橋派の言い分である。

当初、その中心となったのは正弘だった。正弘はまた、挙国一致が不可欠と考え、外様大名も含めた雄藩連合の政権をめざしていた。そして、この正弘を後押ししたのが、「お由羅騒動」の項でも述べたように正弘と親交が深かった斉彬だ。斉彬は家臣の西郷吉之助《さいごうきちのすけ》（吉兵衛《きちべえ》・隆盛《たかもり》）を使って斉昭の水戸藩とも連絡をとりあっていた。

将軍継嗣問題で一橋・南紀の両派は激しく対立したが、歴代将軍の代替わりの際、大きな影響力を及ぼしてきたのが大奥である。家定の将軍継嗣でも両派は大奥の動向を重視し、その支持をとりつけたかった。しかし、当時の大奥は水戸流の質実剛健の気風を嫌い、斉昭もその子である慶喜も嫌われていた。また、大奥には、慶喜が将軍になれば斉昭の意向を受けて大奥の改革が進むのではないかという危惧もあった。そのため、慶喜よりも年下で可愛らしい慶福に人気が集まっていた。

すると、安政三年、一橋派は大奥を上から動かそうとし、家定と斉彬の養女・敬子《すみこ》（篤姫《あつひめ》）との結婚を画策した。十一月十一日、敬子は江戸城に入り、翌月十八日に結婚するが、これが慶喜擁立のために一橋派が仕組んだ政略結婚であることはいうまでもない。つまり、一橋派は敬子が将軍の正室という実権によって大奥を慶喜びいきとさせ、さらに家定に慶喜を将軍世子として指名させようとしたのである。

朝廷も巻き込んだ将軍継嗣問題

一橋・南紀両派の対立は大奥だけでなく朝廷をも巻き込んだ。同五年二月、上京した一橋派の老中・堀田正睦《ほったまさよし》（最初、慶福を推していたが、一橋派の工作によって慶喜支持に変わった）は、橋本左内《はしもとさない》、西郷吉兵衛（隆盛）、川路聖謨らとともに、朝廷から慶喜支持を得るために公家や家臣らに働きかけた。正睦も朝廷から「年長、英明、人望がある者を望む」という勅諚が下るよう工作した。

この一橋派の工作に対し南紀派も反撃に出た。直弼の腹心・長野主膳《ながのしゅぜん》（義言《よしとき》。「よしこと」とも）が関白・九条尚忠《くじょうひさただ》の家臣・島田左近《しまださこん》と組んで一橋派の計画阻止に動いた。その結果、正睦に下された勅諚から「年長、英明、人望」の三条件は削られていた。しかし、「年長」だけは孝明《こうめい》天皇から口答で告げられた。正睦の上京にはこの将軍継嗣問題のほかに、日米修好通商条約の調印に勅許を得るという大きな使命があった。しかし、これについても思惑どおりにはいかなかった。勅許は得られず、「条約調印は三家（御三家）以下諸大名の意見を徴《ちょう》した後、再び勅裁を請うべし」との勅諚を降された。

四月二十日、正睦は京から江戸に戻った。直弼が大老に就任したのは、その三日後だった。翌月一日、直弼は慶福を将軍継嗣に内定し、六月一日以降、諸大名に公表した。また、同月、勅許を得ることなく日米修好通商条約に調印した。つまり、直弼は大老に就任するやいなや、正睦が進展させることのできなかった将軍継嗣問題と日米修好通商条約という幕府の二大懸案事項を一気に片づけたのだ。そして、斉昭はじめ一橋派の大名が不時登城したのは、この直後のことだった。

六月二十四日、幕府は翌日の継嗣公表のため諸大名に総登城を命じた。すると、尾張藩主の慶恕は斉昭・慶篤父子を誘い、昼前に登城し継嗣発表を延期させようとした。しかし、将軍に謁見を断られ、夕刻近くに大老・直弼および老中らと会い、違勅調印を面詰したほか慶喜の継嗣と慶永（福井藩主）の大老就任を申し入れた。だが、直弼は「将軍継嗣は大老の職権である」と答え、斉昭らの要求をことごとく退けてしまった。

斉昭を嫌った大老・直弼の決断

将軍継嗣問題や違勅条約で直弼に抗議したのは斉昭・慶篤・慶恕だけではなかった。松平慶永も不時登城していた。四（一八五七）年に正弘が病死した後、慶永は一橋派の中心となった。慶永は雄藩連合の支持者であり、左内を使って慶喜擁立のために動いた。斉昭らが不時登城した日の朝、慶永は井伊邸に押しかけ、違勅調印と将軍継嗣について談判した。しかし、直弼が「すでに決まっている」と答え席を立つと、後を追いかけ慶永もまた不時登城したのである。

また、慶喜も六月二十二日、彦根藩の関係者に直弼との対面を申し出た。翌日、江戸城で直弼に会って将軍継嗣について問うたほか、条約調印の朝廷への報告について、直弼あるいは他の老中が上京して説明すべきところを飛脚による書状で行ったことを批判した。

斉昭らが処罰されたのは、不時登城が秩序を乱す不法なものであるという理由だった。しかし、斉昭らと直弼らの会談は短い時間で終わり、ときには笑い声もあったという。つまり、一触即発の緊迫した会談ではなかったのだ。その程度のことであれば許容の範囲にも思えるが、直弼は後日、斉昭らを処分した。斉昭は謹慎・文通禁止、慶永と慶恕は隠居・謹慎、慶篤と慶喜は登城停止を命じられた。慶喜は不時登城ではなかったが、他の一橋派の大名らが処分されたことにともない登城停止に処された（のちに隠居・謹慎となる）。

斉昭らが処罰された本当の理由は、当時の直弼の政局に対する危機感にあったという。直弼は大老に就任する以前から慶福を推していたが、将軍継嗣は幕閣が決めるものという考えだった。そこへ斉昭が慶喜を押し付けたことは度を超えた干渉であり、直弼は斉昭を嫌っていた。また、斉昭は強硬な攘夷論者として知られ、慶喜が将軍に就任すれば条約調印やむなしとする幕府の政策が一転するにちがいなかった。そのため、直弼は早々と慶福の継嗣を決めて慶喜の将軍就任の芽を摘み、直弼の政権運営の障害になる一橋派の面々を一掃したのである。

　幕府が慶福の将軍継嗣を発表した翌月六日、家定が急死した。幕府はその死を八月まで秘したが、それが原因で毒殺説が流れた。将軍毒殺の黒幕として噂されたのが斉昭だ。斉昭は子の慶喜擁立に失敗した原因が家定にあったと恨んでいた。五月一日、家定は大老・直弼をはじめ老中らに対して慶福を将軍継嗣とすることを告げていた。それは南紀派の工作によるものだったが、この日から幕府の方針は慶福を継嗣とすることで固まった。

　家定を恨んだ斉昭は、奥医師の岡櫟仙院《おかれきせんいん》を使って毒を盛ったと噂された。しかしまた、家定暗殺が直弼の陰謀とする説もあった。家定は感情の起伏が激しく、直弼は家定がのちに心変わりすることを恐れ、抹殺したというのである。いずれの説も確かな証拠はなく、信憑性に欠けるが、こんな噂が広がったのは当時の政局が不安定だったことの何よりの証だろう。

　一橋派は当初一派を主導した正弘が亡くなった後、斉昭らが処分され、その一一日後、斉彬も急死した。斉彬の死因は食中毒と伝えられるが、真相は定かでない。さらに、彼らが擁立しようとした慶喜も処分されたことで、一橋派は壊滅的な打撃を受けた。時勢は開国へと進み、それにともない攘夷論者の憤りが高まっていく。

安政七（一八六〇）年——桜田門外の変

大老・井伊直弼の暗殺事件

孝明天皇が降した「戊午の密勅」

徳川斉昭はじめ一橋派の諸大名らが処分された後、朝廷と幕府の関係は悪化し、その後の日本はさらに動乱の時代へと突き進む。そんななかの安政七（万延元、一八六〇）年三月三日、江戸城桜田門外で大老・井伊直弼が水戸藩浪士らに暗殺される大事件が起きた。

初めに事件当日の様子を見ておこう。この日は上巳《じょうし》の節句（雛の節句）で、諸大名に登城が命じられた。直弼は午前九時頃、彦根藩上屋敷（東京都千代田区）を出て、雪が激しく降る悪天候のなか、彦根藩士ら総勢約六〇人に守られながら桜田門へと向かった。行列が豊後国杵築《きつき》（大分県杵築市）藩邸の門前辺りにさしかかると、沿道で大名行列を見物している人のなかから突然、男が飛び出してきた。男が「お願いの筋がござる」と叫びながら駆け寄ってくると、供頭《ともがしら》・日下部三郎右衛門《くさかべさぶろうえもん》と供目付・沢村軍六《さわむらぐんろく》は直訴と思い、「下がれ、下がれ」と停止させようとした。すると、男が抜刀して斬りかかり、まもなく銃声が一発轟いた。すると、それを合図に抜刀した十数人の襲撃者が現れ、直弼の乗る駕籠に襲いかかった。

襲撃したのは、水戸藩を脱藩した浪士一七人と薩摩藩士・有村次左衛門《ありむらじざえもん》（治左衛門《じざえもん》とも）の計一八人だった。駕籠のなかにいた直弼は、最初の銃撃で深手を負った。さらに駕籠の外から刀を突き刺され、外に引きずり出された後、次左衛門によって首を斬り落とされた。乱闘が始まってから直弼の首が斬り落とされるまで、わずか三、四分の間の出来事だった。

この事件は「桜田門外の変」と呼ばれ、直弼による反幕勢力の弾圧や恣意的な政治が原因とされるが、なぜ直弼は反幕勢力を弾圧したのだろうか。また、直弼の政治は本当に恣意的なものだったのだろうか。この項では、なぜ直弼が水戸浪士らに襲撃されたのか、その謎について見ていきたい。

例によって、事件までの経緯を振り返ってみよう。前述したように安政五年七月、直弼は斉昭らを処分したが、これに驚愕したのが孝明天皇はじめ朝廷の公家衆だった。斉昭や徳川慶恕・松平慶永らは公家衆との関係も密接だっただけに、朝廷側は幕府の強い圧力を感じざるを得なかった。天皇以下公家衆は幕府が政局の主導権をにぎることを危惧したが、誰よりも焦燥感を募らせたのが天皇だった。

八月、天皇は関白・九条尚忠を召し「御趣意書」を示し、議奏・伝奏の両役はじめ左大臣・近衛忠熙《このえただひろ》、右大臣・鷹司輔熙《たかつかさすけひろ》らに諮問を降すよう命じた。その御趣意書の内容は次のようなものだった。

幕府が何の連絡もないまま日米修好通商条約に調印し、事後に老中書簡で報告してきたことは違勅である。そのことを尋ねるため、三家または大老が上京するよう命じたが、三家を押し込めて上京させず、大老も上京を延期した。そればかりか、朝廷の議論が不同心であることを承知しながら、ロシアやイギリス・オランダ・フランスと条約を結ぶことを書簡で報告してきた。これらのことを放置しておくわけにはいかないので、徳川将軍家および水戸家に対して勅書を降し、今後の対応を促したい。

この天皇の御趣意書が示された後の八月八日、水戸藩に勅諚《ちょくじょう》（勅書）が降された。勅諚で天皇は幕府による条約調印と三家の処罰を責め、幕府は三家以下諸大名と群議して国内治平、公武合体、国内を整えて外国の侮《あなど》りを受けぬよう方策を立てよと命じた。その二日後、幕府にも同文の勅諚が降された。この二つの勅諚は安政五年の干支にちなんで「戊午《ぼご》の密《みっ》勅《ちょく》」と呼ばれた。

水戸藩への勅諚は藩の京都留守居・鵜飼吉左衛門《うかいきちざえもん》の子・幸吉《こうきち》が朝廷の密使として京都を発ち、十七日、江戸・小石川の水戸藩邸に到着した。幸吉から勅諚を受け取った藩主・慶篤は十九日、幕府に勅諚を受領したことを届け出た。直弼以下幕閣が評議し、老中・太田《おおた》資始《すけもと》と間部《まなべ》詮勝《あきかつ》を水戸藩邸に送り、勅諚の諸藩への回達（伝達）を差し止めた。

「暗黒裁判」と批判された直弼の裁定

徳川斉昭謹慎事件で劣勢になったと思われた朝廷は、「戊午の密勅」によって水戸藩はじめ列藩と結び、起死回生の反撃に出た。一方、勅諚を降された水戸藩でも、天皇から尊王攘夷の先頭に立てと命じられた尊攘派を中心に歓喜し京都でも反幕勢力が勢いを取り戻した。

逆に、怒り心頭に発したのが直弼である。思わぬ反幕勢力の逆襲を受けた直弼は、反幕勢力に激しい憎悪を抱いた。そして、この憎悪から始まったのが、幕末史上に悪名が高い「安政の大獄」で、幕府による大量検挙によって尊攘派志士を中心に多くの者が処罰された。

九月七日、公卿に鎖国攘夷を説き、また直弼の排斥運動を行った尊攘派志士・梅田雲浜《うめだうんぴん》が京都で逮捕された。十七日、江戸でも三条家家臣・飯泉喜内《いいずみきない》や鷹司家家臣・小林良典《こばやしよしすけ》をはじめとした大量検挙が始まり、翌日、勅諚を渡された水戸藩留守居の吉左衛門・幸吉父子も逮捕された。その他、勅諚を受けた水戸藩家老・安島帯刀《あじまたてわき》、密勅降下の発案者といわれる薩摩藩士・日下部伊三次《くさかべいそうじ》、慶永の側近・橋本左内、尊攘派志士・頼三樹三郎《らいみきさぶろう》、老中の詮勝を暗殺しようとした思想家・吉田松陰《よしだしょういん》らが逮捕された。

幕府による取調べは江戸で行われ、その結果、帯刀が切腹、喜内、吉左衛門、左内、三樹三郎、松陰、水戸藩士・茅根伊予之介《ちのねいよのすけ》が死罪、幸吉が獄門（さらし首）となり、八人が死刑に処せられた。他にも多くの者が処分され、その数は推計一〇〇人以上にもなった。雲浜と伊三次も死刑になるところだったが、二人とも病で獄死した。

安政の大獄の裁定は後世、「暗黒裁判」と批判されるほど厳しいものだったが、直弼による弾圧は公卿や諸大名にも及んだ。翌年正月十日、左大臣の忠熙、右大臣の輔熙が辞官・落飾（剃髪）を、前関白・鷹司政通《たかつかさまさみち》、前内大臣・三条実万《さんじょうさねつむ》が落飾を天皇に請うたが、これは幕府の圧力によるものだった。また、八月二十七日、斉昭に国許永蟄居、慶篤に差控（自宅蟄居）、慶喜に隠居・謹慎を命じ、岩瀬忠震《いわせただなり》・永井尚志《ながいなおゆき》（「なおむね」とも）・川路聖謨らを処罰した。さらに、十月十一日、一橋派に属した土佐（高知県高知市）藩主・山内容堂《やまうちようどう》（豊《とよ》信《しげ》）が謹慎を命じられた。なお、慶恕と慶永は隠居・謹慎のままだった。

側近・主膳の偽りの報告を信じた直弼

安政の大獄で直弼が反幕勢力を弾圧した一因は、身内の失態だったという。直弼は朝廷工作や反幕勢力の監視のため腹心の長野主膳を京都へ派遣していたが、その主膳が密勅降下を知ったのは八月十一日だった。天皇が水戸藩に密勅を降してから三日後のことで、朝廷工作を任務としていた主膳にとって大きな失態である。そこで主膳は失態を隠蔽するために、直弼に「密勅は天皇の本意ではなく水戸派によるもの」という偽りの報告をした。主膳への信頼が厚かった直弼はこの報告を信じ、密勅の一件は反幕勢力による陰謀で、その首魁が斉昭にちがいないと思い込んだのだ。

そして、直弼が反幕勢力を徹底的に弾圧した一番の原因は、密勅降下により幕府の権威が失墜することに大きな危機感を抱いたからである。勅諚が御三家・御三卿・家門から諸大名家（列藩）に伝達されれば、これまでの朝廷―幕府―諸大名という関係が壊されることになる。つまり、これまで朝廷の権威は関白を通じて幕府が独占していたが、勅諚により御三家や諸大名家が直接朝廷の命を受けることになれば、彼らも朝廷の権威を振りかざすことが可能になるのだ。それは家康・秀忠・家光の徳川三代によって築かれた幕藩体制の崩壊であり、幕府の権威失墜にほかならなかった。

主膳が直弼に送った八月二十四日付の手紙に「幕府の権威回復には武力弾圧しかない」と書かれていたように、直弼と主膳はこのままでは斉昭の陰謀によって自分たちが罪人にされるという思いを共有し、それを回避するためには武力弾圧しかないと決断したのだ。こうして直弼は幕府の権威回復のために反幕勢力の大弾圧を行ったのである。

その大弾圧が収まりを見せた後の六年十二月十六日、幕府は水戸藩主・慶篤に密勅返納の朝旨《ちょうし》（朝廷の意向）を伝達し、密勅の返還を迫った。すると、藩内は返還に同意する「鎮《ちん》派」と反対する「激《げき》派」に二分され、両派が対立した。その後、慶篤が返還を承諾すると、激派の憤激は爆発寸前となり、直弼の暗殺へと走ったのである。

違勅条約を認めた直弼の真意

次に、暗殺された直弼の恣意的な政治について考えてみよう。恣意的として批判された最大の一件が、勅許を待たずに日米修好通商条約に調印した違勅調印である。この一件により直弼は、後世の歴史家から皇室を軽視した「国賊」と非難された。しかし近年、この見方は疑問視されている。その根拠は、直弼は元来、皇室を重んじる尊王主義者だったからである。実際、直弼はペリーの黒船来航の際、「まず朝廷に奉上すべきである」と主張していた。

問題とされた条約調印についても、江戸城中で開かれた会議の前、直弼は伊予国宇和島藩主・伊達宗城《だてむねなり》に「自分が調印の可否を衆議に諮ったら、貴殿らは同志とともに条約締結は必ず勅許を得るべしという説を支持してほしい」と促していた。しかし、会議の席で勅許を必要とする説に賛成したのは、幕府の要職にある者のなかで若年寄・本多忠徳《ほんだただのり》だけだったのだ。つまり、直弼は違勅調印には反対だったが、それに同意する者は少なかったのである。違勅調印によって、直弼は尊王論者から非難されるようになったが、実はこの非難も不当なものだった。本来、外交は幕府の専権事項で、条約調印について朝廷に奉上したり勅許を得たりする必要はなく、違勅であっても非難されることはないのだ。

違勅調印に反対だった直弼が不本意ながらも勅許を待たずに調印したのには理由があった。直弼は国際情勢に精通し、アヘン戦争でイギリスが清国を破ったことを知っていた。そして、日本の列強との軍事力の差を痛感し、列強諸国の軍事力に脅威をいだいた。井伊家に伝わる史料によると、直弼は「もし戦って敗北し、地を割くようなことになれば、これ以上の国辱はない。いま(条約調印を)拒絶して(敗戦によって)永久に国体をはずかしめるのと、勅許を待たないで(調印して)国体をはずかしめないのと、どちらが重いか」とその心境を吐露したという。また、当時の幕府は財政難が原因で海防がおろそかになっていた。そのため直弼は、諸外国との通商により富を得ることを急務と考え、開国に踏み切ったともいう。つまり、違勅調印は直弼が考え悩んだ揚句の最善の策だったのである。

事件後、直弼が幕府に出した負傷届

桜田門外の変には、さらに大きな謎がある。それは幕府が水戸藩浪士らによる大老襲撃の事実は認めたが、大老暗殺については否認したことだ。また、当日、幕府に直弼からの負傷届が出されたことも不可解である。負傷届には直弼が防戦の指揮をとったが怪我をしたので先に帰宅したと記されていた。この事実と異なる負傷届の提出は、老中・内藤《ないとう》紀伊《きいの》守信親《かみのぶちか》と彦根藩江戸家老・岡本半介《おかもとはんすけ》の申し合わせによるものといわれている。

さらに、事件の翌日、将軍の上使が彦根藩邸に下向して直弼の病気を見舞い、朝鮮人参を賜った。七日にも若年寄・酒井《さかい》右京亮《うきょうのすけ》が上使として藩邸を訪れ、直弼に氷砂糖と鮮魚を賜っている。

この謎を解く鍵は、江戸時代の慣行にあった。大名家は当主の大名が不慮の死を遂げた場合、「武道不覚悟」を理由に所領を没収され御家断絶とされるのが慣行だった。井伊家は約六〇人もの者が随行していたにもかかわらず、当主の暗殺を許してしまったのだから大失態であり、武道不覚悟に相当した。また、喧嘩両成敗が慣行であるから、井伊家に処分が下れば、事件の原因が水戸密勅の返還問題であったことから水戸徳川家もおとがめなしというわけにはいかなかった。そこで幕府は、御三家の一家である水戸徳川家の処分を回避するために、井伊家の武道不覚悟も問わないことにしたのだ。その結果、桜田門外の変は現職の大老が往来で暗殺されたにもかかわらず、幕府は井伊・水戸徳川家（水戸藩）の両家に対して厳しい処分を下さなかった。こうして幕府は、幕府崩壊の危機を茶番のような苦肉の策で乗り切ろうとしたのである。

慶応二(一八六六)年──孝明天皇急死事件

噂になった幕末の天皇暗殺疑惑

疱瘡の症状が急変した孝明天皇

桜田門外の変の後、御三家や薩摩藩・土佐藩など有力諸藩が存在感を大きくし、幕府を頂点とした幕藩体制は揺らぎ始め、幕末の日本は風雲急を告げる時代となった。文久二(一八六二)年正月十五日、老中・安藤信正《あんどうのぶまさ》が水戸藩浪士に襲撃され、翌年八月十七日には土佐藩浪士・吉村寅太郎《よしむらとらたろう》らが大和国五條(奈良県五條市)代官所を襲撃した(天誅組の挙兵)。また、その翌日、三条実美《さんじょうさねとみ》ら宮中の過激攘夷論者が排斥された(八月十八日の政変)。

四(一八六四)年三月二十七日、水戸の尊攘派志士・藤田小四郎《ふじたこしろう》が筑波山(茨城県つくば市)で挙兵(天狗党の挙兵)し、六月五日には京都の池田屋で新選組が尊攘派志士を襲撃した(池田屋事件)。翌月十九日、長州藩兵が内裏に突入しようとして薩摩・会津藩兵と衝突した(禁《きん》門《もん》の変《へん》)。また、七月二十四日、幕府は長州征伐のため西南二一藩に出兵を命じた(第一次長州征伐)。

慶応二(一八六六)年六月七日、第二次長州征伐が始まると、その最中の二十日、将軍・徳川家茂が病死した。十二月五日、徳川慶喜が第十五代将軍に就任し、一〇日後の二十五日、孝明天皇が崩御した。天皇は三十六歳の若さで亡くなり、死因は病死とされた。ところが、当時から天皇の死因には疑いの目が向けられ、毒殺の噂が流れた。

はたして孝明天皇は本当に病死だったのか、それとも毒殺だったのか。また、毒殺だとしたならば、その原因は何だったのか。そこで、この項では孝明天皇の死因をめぐる謎について追求していくことにする。最初に天皇の死に至るまでの経緯を振り返ってみよう。

十二月十一日、天皇は宮中内侍所《ないしどころ》で神楽を観覧した。すると、急に気分が悪くなり、翌日、高熱を発した。御典医の診断は「風邪」だった。ところが、十四日に顔や手に発疹が表れ、診断は「痘瘡《とうそう》(天然痘、疱瘡《ほうそう》)か赤痢《せきり》」に改められた。その後も高熱が続き、十六日、発疹が全身に広がり、御典医は正式に「痘瘡」であることを発表した。

十九日には吹き出物の色が紫色に変わり、食欲も出て安眠できるようになった。二十四日、誰もが、順調に快方に向かっていると安心し始めたが、その夜から突然、容体が急変した。再び発熱し、食べたものを吐いた。翌日(二十五日)、吐き気はひどくなり、しきりに痰を出した。脈は弱まり、四肢が冷え始め、午後十一時、息を引き取った。

以上でわかるように、天皇の病状は十二月十九日には快方に向かいつつあった。それが二十四日に急変し、翌日亡くなっている。この不自然な病状の変化が毒殺説の根拠の一つになっている。毒殺説の立場からすると、通常、痘瘡の症状は快方に向かった後で急変することは考えられないというのだ。

天皇の病死を疑う数々の根拠

孝明天皇の死は当時から疑惑があったが、宮内省編纂の『孝明天皇紀』をはじめその他の文献にも死因は病死と記されている。宮中に奉仕していた稚児が痘瘡になり、いったん退出したが快癒して再び参内し、その余毒が天皇に感染したというのだ。

しかし、病死を疑う根拠は他にもあった。実は、朝廷が崩御を公式発表したのは、崩御から四日後の二十九日だったのだ。四日間も崩御が秘せられたのは、死因が病死でないことの証のようでもある。また、前述の『孝明天皇紀』には天皇の二十五日の病状について、御典医による記録がないのだ。公の記録に天皇の最期の様子が記されていないというのは、あまりにも不可解である。記録を残すわけにいかない理由があった、と勘ぐられてもしかたがないだろう。

実は、孝明天皇の側近・中山忠能《なかやまただやす》の日記に、最期の様子が記されていた。それによると、天皇は「二十五日の後は九穴《きゅうけつ》より脱血し、なんとも恐れ入り候御様子」だった。「九穴」とは口、両眼、両耳、両鼻孔、肛門、尿道のことだ。専門家によると、この症状は明らかに痘瘡のものではないという。日記にはまた、老女・浜浦《はまうら》から届いた手紙を写した記述があり、そこには「このたびの御痘は全く実痘にはあらせられず、悪瘡発生の毒を献じ候」とある。浜浦はその証として、天皇の容体が秘密とされたことも綴っていた。

天皇の死因については他にも異説があって、天皇には筆先をなめる癖があり、そこに毒が塗られていたとも硯《すずり》に毒液が入れられていたともいわれた。しかし、快方に向かったとはいえ病床にある天皇が筆を手にするのは不自然であり、この説は信憑性が低い。

天皇毒殺の犯人と噂された岩倉具視

以上、孝明天皇の死因について病死ではなく毒殺である可能性が高いが、そうだとすれば、誰が天皇を毒殺したかという謎が残る。これについて当時から噂されていたのが、公卿の岩倉具視《いわくらともみ》だ。前述の筆による毒殺説によれば、岩倉は天皇に筆をなめる癖があるのを知り、穂先に毒を含ませた新しい筆を献上したという。

この説はさておき、なぜ岩倉は天皇毒殺の犯人として噂されたのだろうか。そこで天皇と岩倉の関係を見直してみることにしよう。孝明天皇は極端な攘夷論者で、生涯、攘夷を主張し続けた。前述したように、安政五年に老中首座・堀田正睦が上京し条約の締結を迫ったときも、天皇は勅許を与えなかった。大老・井伊直弼が勅許なしで条約に調印した後も天皇は攘夷をあきらめず、文久二年十月、勅使を江戸に派遣して幕府に攘夷決行の意志を伝え、さらに、翌年三月、将軍・家茂を上洛させて、五月十日に攘夷を開始することを約束させている。しかし、天皇はけっして幕府を否定することはなかった。つまり、天皇は「倒幕派」ではなく「佐幕派」であり「公武合体派」だったのだ。

一方の岩倉は、かつては公武合体論者だったが、その後、倒幕派に転身し、その中心人物になっていた。天皇が崩御する四か月前、岩倉は反幕派の公卿二二人をけしかけ、幕府から政権を奪い朝廷内に新政権を樹立することを天皇に建議させた。すると、天皇は怒り、公卿らを処罰した。この一件後、岩倉邸は厳重に監視されるようになり、岩倉は窮地に立たされた。倒幕派の岩倉にとって佐幕派で公武合体派の天皇が存命である限り、幕府を倒すことは困難だった。つまり、岩倉にとって天皇は邪魔な存在だったのである。

この岩倉の心境を裏付けると思えるのが、当時、兵庫県にいたイギリス公使館員のアーネスト・サトウの証言である。のちにサトウは自著の日本滞在記『一外交官の見た明治維新』に「うわさでは帝の崩御されたのを天然痘としていた。しかし数年後、その間の内幕によく通じている一日本人が、わたくしに確言したところによると、毒殺されたのだという。この帝は、外国人に対するいかなる譲歩にも真向から反対してきた。そのために、きたるべき幕府の崩壊によって、否が応でも朝廷が西洋諸国との関係に当面しなければならなくなるのを予見した一部の人々に殺されたというのだ」と記している。

また、天皇の崩御後、岩倉が再び政界に浮上したことも、岩倉が天皇を毒殺したとする説の根拠の一つになりそうだ。さらに、岩倉はかつて自邸に「天皇に猛毒を飲ませようと謀ったという噂が立っている。京都から出て行かなければ、首を四条河原にさらしたうえ、家族にも危害を加える」という内容の脅迫状を投げ込まれていた。当時の岩倉は公武合体派で朝廷側の代表として天皇の妹・和宮《かずのみや》降嫁を積極的に推進していた。ところが、天皇が反対し計画の実現が難しくなると、結果を急いだ岩倉が天皇を毒殺しようとしたという噂が広がったのだ。

以上見てきたように、岩倉が天皇を暗殺したという疑惑は拭えないだろう。のこされた最後の謎は、岩倉はどんな方法で天皇に毒を盛ったのか、ということだ。一説に、岩倉が宮中に女官として出ている姪を使って天皇に一服毒を盛らしめたという。あるいはまた、岩倉の異母妹（実姉とも）で女官として天皇の寵愛を受けていた堀川《ほりかわ》（堀河《ほりかわ》）紀子《もとこ》を媒介役としたという説もある。しかし、残念ながらいずれも確証はない。だが、孝明天皇が倒幕を急ぐ岩倉によって若い命を絶たれたことは十分考えられそうである。

慶応三（一八六七）年 ―― 慶喜大政奉還事件

朝廷に政権を奉還した将軍の真意

四侯から政体変革を提案された将軍・慶喜

孝明天皇が崩御した翌年の慶応三（一八六七）年正月九日、皇太子の祐宮睦仁《さちのみやむつひと》親王が十六歳で践祚《せんそ》し、明治天皇となった。その後、時代は一気に激変し、十月十四日、将軍・慶喜は朝廷に政権奉還の上表を提出した（大政奉還）。ここに家康の将軍就任・開幕以来二六五年続いた徳川幕府は消滅する。公武合体を信念としていた孝明天皇が存命であれば考えられなかった幕府の消滅は、天皇崩御からわずか一〇か月後に現実のものとなったのである。

幕末、多くの倒幕派の志士らがたくさんの血を流しても倒すことのできなかった幕府は、将軍自らの手によって呆気なく終焉のときを迎えた。そこで本項では本書のまとめとして、なぜ慶喜は政権を奉還したのか、この謎について考究してみたい。

慶喜が大政奉還を決断するまでの経緯を振り返ってみよう。慶喜が将軍に就任した翌年正月、西郷吉之助（隆盛）や大久保一蔵《おおくぼいちぞう》（利通《としみち》）ら薩摩藩の京都指導部は長州藩の井上聞多《いのうえもんた》（馨《かおる》）と談合し、政体変革のための工作を始めた。吉之助らは薩摩藩国父・島津久光《しまづひさみつ》はじめ前越前藩主・松平春嶽、前土佐藩主・山内容堂、前宇和島藩主・伊達宗城を京に呼び寄せ、五月、慶喜と折衝させた（四侯会議）。

この会議で四侯は兵庫開港・長州処分の二問題を重要課題としたうえで、外交権をはじめとした政治的な諸権限を幕府から天皇を頂点とした有力諸藩の合議体に移管することを承認させようとした。しかし、慶喜は四候の提案を退け、吉之助らの目論見は失敗に終わった。すると、薩摩藩はもはや非武力的な方法では幕府を倒すことができないことを確信し、五月二十五日、武力による政変を計画。長州藩へのはたらきかけを決定した。

その一方で六月二十二日、薩摩藩家老・小松帯刀《こまつたてわき》は吉之助・一蔵らとともに長崎から上京した土佐藩士の後藤象二郎《ごとうしょうじろう》や福岡藤次《とうじ》（孝弟《たかちか》）らと会談し、七月二日、王政復古・大政奉還などの共同建白を骨子とする政体構想について合意した（薩土盟約）。また、翌日、芸州藩（広島藩）も加わり三藩共同で建白することで合意されている。

薩摩藩がこのような長州・芸州両藩と土佐藩を天秤にかけるような戦略をとったのは、倒幕後の新政治体制で主導権をにぎるためであり、また、盟約を結んだ他藩に対して全幅の信頼をおいていなかったことの表れといわれている。

薩長が慶喜の抹殺を指令した密勅を授かる

薩土盟約の後の九月、薩摩・芸州両藩は共同建白計画を撤回し、十九日、山口で薩摩の大久保一蔵と長州藩の木戸《きど》孝允《たかよし》・広沢《ひろさわ》兵助《ひょうすけ》（真臣《さねおみ》）との間に薩長二藩による出兵盟約が結ばれ、翌日、芸州藩もこれに加盟した。その後、薩長芸の三藩は十月八日に討幕を決行することを決意し、朝廷から討幕の勅命を得ようと工作した。

こうして薩摩藩主導の形で武力討幕がさし迫るなか、十月三日、土佐藩の容堂（松平容堂名義）が慶喜に政権奉還の建白を呈し、三日後の六日には芸州藩主・浅野《あさの》茂長《もちなが》（松平安芸守名義）も独自に建白を呈した。これを受けて、慶喜は政権奉還の上表を提出したが、その十四日に薩長両藩に対し朝廷から「討幕の密勅」が授けられた。その密勅のなかには「賊臣慶喜を殄戮《てんりく》し」という文言もあった。「殄戮」とは「殺戮」という意味であり、密勅は慶喜の抹殺を指令するものだった。

しかし、「討幕の密勅」には公卿の中山忠能・正親町《おおぎまち》三条《さんじょう》実愛《さねなる》・中御門《なかみかど》経之《つねゆき》の三人の署名はあるが、天皇（明治天皇）が命じたとする証拠がなく、現在では朝廷内討幕派の岩倉具視が画策した〝偽勅〟であると考えられている。いずれにしても、慶喜は薩長両藩らによる挙兵寸前に大政奉還の上表を朝廷に提出したわけだ。言い換えれば、薩長両藩らによる武力討幕を避けるために期限ぎりぎりのところで〝白旗〟を掲げたのである。

以上が大政奉還までの経緯だが、政権奉還の上表は翌日、勅許された。また、二十四日、慶喜は将軍職の辞表も提出した。明治時代に入ってから、慶喜は大政奉還について「予は日本国のために幕府を葬るの任に当るべしと覚悟を定めたるなり」（『昔夢会筆記《せきむかいひっき》』）と述べ、〝大変な英断〟と評価する声も少なくないが、ここで改めてなぜ慶喜は政権を朝廷に戻したのか考えてみたい。

大政奉還の理由については諸説唱えられており、薩長主導の討幕軍と幕府軍とによる内乱を避けるためだったとも、単純に慶喜自身の生命の安全を守るためだったともいわれている。また、朝廷内の王政復古派の公卿らは慶喜が倒幕運動に屈したと見て大いに喜び、「討幕の密勅」に関与した実愛は「大政奉還は千載の美事であり、有志の輩は雀躍にたえず」と日記に書いた。はたして、慶喜の真意はどこにあったのだろうか。そこで当時の慶喜の心中がどのようなものだったか、探ってみることにしよう。

奉還後に大統領になろうとした慶喜

慶喜に大政奉還を決断させたのは、土佐藩から幕府に提出された大政奉還建白書だ。大政奉還構想は後藤象二郎が容堂に献策し、容堂がこれを藩論として採用した。その内容は大政奉還の後で列藩会議の議長に旧将軍が就任するというもの。つまり、徳川宗家の権威は持続され慶喜の地位も保証される内容で、土佐藩は平和的手段によって新しい公議政体の樹立をめざしていたのである。

実際、当時の日本に慶喜に代わって国政を統治できる識見・器量を備えた人物はいなかった。十月二十一日、朝廷は薩長両藩に対して先に出した「討幕の密勅」の実行をしばらく延期するよう沙汰書を出したが、その背景には慶喜から政権を奉還されてもすぐに国政を運営できる体制ができていないという朝廷の事情があった。摂政の二条斉敬《にじょうなりゆき》は予期せぬ事態にどう対応してよいかわからず判断停止状態になったという。そこで朝廷は慶喜に対して、諸藩の大名による会合を開くまで将軍の職務はこれまでどおりとする、という沙汰書を渡した。

慶喜は大政奉還後のこんな朝廷の混乱を予想できたはずだ。だとすれば、政権を奉還しても天皇のもとで名誉ある地位を与えられる、と考えてもおかしくないだろう。将軍職の辞表を提出したのも慶喜の自負の表れと見ることもできる。「辞めさせられるものなら、やってみよ」というところだろうか。

以上のように、慶喜が大政奉還後の新しい政治体制を想定していたということは十分考えられる。実際、慶喜には大政奉還後の構想があったという説がある。その構想のもとになったのは慶喜のブレインの一人、啓蒙思想家で幕府開成所教授・西周《にしあまね》（周助《しゅうすけ》）が起草した『議題腹稿』（憲法草案）だ。その骨子は「政府の権」「大名の権」「朝廷の権」を三つの要綱とし、政府の権は行政権で「大君」（徳川家の当主）が政府の長として施行する。大名の権は立法権で上下二院からなる「議政院」のうち上院は大名によって構成され、下院は各藩一人ずつの藩士からなる。大君は上院の議長として両院会議で議決できない場合、裁決権をもち、下院の解散権も持っている。「朝廷の権」の天皇は議政院で議決された法律に判を押すだけで拒否権を持たない。

この草案はイギリス型議会主義（立憲君主制）をめざしたものとされるが、大君が絶大な権力を持つ。そこで慶喜はアメリカの大統領（大頭領）のような存在になろうとしたとも考えられている。しかしまた、草案では当面の間、軍事権を諸大名に任せるとされるが、軍事権をも大君が手にすれば、大君は古代ローマ帝国の皇帝のような存在になるという指摘もある。

以上の説に従えば、大政奉還は将軍家の権力をより強化するための慶喜の起死回生策だったことになる。しかし、その慶喜の構想は十二月九日の政変（王政復古のクーデター）によって潰えることになり、徳川幕府は完全に滅亡したのである。

【参考文献】

本書の執筆にあたっては以下に掲載したほか多くの文献を参考にさせていただきました。この場を借りて御礼申し上げます。

『安政の大獄』松岡英夫著(中公新書)／『江戸の金山奉行 大久保長安の謎』川上隆志著(現代書館)／『江戸幕府の代官群像』村上直著(同成社)／『江戸幕府崩壊』家近良樹著(講談社学術文庫)／『書き替えられた国書』田代和生著(中公新書)／『勘定奉行　荻原重秀の生涯』村井淳志著(集英社新書)／『近世大名列伝』江崎俊平著(現代教養文庫)／『ケンペルと徳川綱吉』ベアトリス・M・ボダルト＝ベイリー著(中公新書)／『元禄時代と赤穂事件』大石学著(角川学芸出版)／『江の生涯 徳川将軍家御台所の役割』福田千鶴著(中公新書)／『辞世の人物学』多岐一雄著(実務教育出版)／『実説水戸黄門』高野澄著(毎日新聞社)『シリーズ藩物語 水戸藩』岡村青著(現代書館)／『新選御家騒動』福田千鶴編(新人物往来社)／『新潮選書 天下の副将軍』長山靖生(新潮社)／『人物叢書 井伊直弼』吉田常吉著(吉川弘文館)／『人物叢書 徳川家康』藤井譲治著(吉川弘文館)／『人物叢書 徳川家光』藤井譲治著(吉川弘文館)／『人物叢書 徳川綱吉』塚本学著(吉川弘文館)／『人物叢書 徳川秀忠』山本博文著(吉川弘文館)／『人物叢書 徳川光圀』鈴木暎一著(吉川弘文館)／『人物叢書 徳川慶喜』家近良樹著(吉川弘文館)／『人物叢書 徳川吉宗』辻達也著(吉川弘文館)／『人物叢書 松平定信』高澤憲治著(吉川弘文館)／『人物叢書 松平信綱』大野瑞男著(吉川弘文館)／『人物叢書 由比正雪』進士慶幹著(吉川弘文館)／『新編物語藩史』児島幸多・北島正元監修(新人物往来社)／『関ケ原合戦』二木謙一著(中公新書)／『戦国武将100話』桑田忠親監修(秋田書店)／『大系日本の歴史9』深谷克己著(小学館)／『大系日本の歴史10』竹内誠著(小学館)／『伊達騒動と原田甲斐』小林清治著(吉川弘文館)／『田沼意次の時代』大石慎三郎著(岩波書店)／『筑摩選書 徳川の幕末』松浦玲著(筑摩書房)／『中公叢書 幕末の朝廷』家近良樹著(中央公論社)／『忠臣蔵』野口武彦著(ちくま新書)／『朝鮮通信使』仲尾宏著(岩波新書)／『天皇と日本史』阿部正路監修(日本文芸社)／『天皇の歴史06 江戸時代の天皇』藤田覚著(講談社)／『天皇125代と日本の歴史』山本博文著(光文社)／『同時代ライブラリー 後水尾天皇』熊谷功夫著(岩波書店)／『徳川家康』二木謙一著(ちくま新書)／『徳川斉昭』永井博著(山川出版社)／『徳川幕閣』藤野保著(中公新書)／『徳川慶喜』松浦玲著(中公新書)／『徳川吉宗』大石学著(教育出版)／『日本近世の歴史1』藤井譲治著(吉川弘文館)／『日本近世の歴史2』杣田善雄著(吉川弘文館)／『日本近世の歴史3』深井雅海著(吉川弘文館)／『日本近世の歴史4』藤田覚著(吉川弘文館)／『日本近世の歴史5』横山伊徳著(吉川弘文館)／『日本近世の歴史6』青山忠正著(吉川弘文館)／『日本史異説１００選』尾崎秀樹編著(秋田書店)／『日本史リブレット人49 徳川綱吉』福田千鶴著(山川出版社)／『日本の時代史15』高埜利彦編(吉川弘文館)／『日本の歴史13』辻達也著(中央公論社)／『日本の歴史14』岩生成一著(中央公論社)／『日本の歴史15』佐々木潤之介著(中央公論社)／『日本の歴史16』児玉幸多著(中央公論社)／『日本の歴史17』奈良本辰也著(中央公論社)／『日本の歴史18』北島正元著(中央公論社)／『日本の歴史19』古西四郎著(中央公論社)／日本の歴史18』井上勝生著(講談社)／『敗者の日本史15』山本博文著(吉川弘文館)／『幕末維新の個性6 井伊直弼』母利美和著(吉川弘文館)／『「蛮社の獄」のすべて』田中弘之著(吉川弘文館)／『福島正則』福尾猛市郎・藤本篤著(中公新書)／『古田織部』諏訪勝則著(中公新書)／『へうげもの 古田織部伝』桑田忠親著(ダイヤモンド社)／『松平定信』藤田覚著(中公新書)／『ミネルヴァ日本評伝選 田沼意次』藤田覚著(ミネルヴァ書房)／『ミネルヴァ日本評伝選 後水尾天皇』久保貴子著(ミネルヴァ書房)／『ミネルヴァ日本評伝選 徳川家光』野村玄著(ミネルヴァ書房)／『ミネルヴァ日本評伝選 徳川家康』笠谷和比古著(ミネルヴァ書房)／『ミネルヴァ日本評伝選 永井尚志』高村直助著(ミネルヴァ書房)／『明暦の大火』黒木喬著(講談社)／『歴史文化ライブラリー 明暦の大火』岩本馨著(吉川弘文館)／『歴史文化ライブラリー〈伊達騒動〉の真相』平川新著(吉川弘文館)／『歴代天皇紀』肥後和男・水戸部正男ほか著(秋田書店)／『歴代天皇100話』林陸朗監修(秋田書店)

三浦 竜(みうら りゅう)

東京生まれ。編集者を経て、執筆業に専念。以来、雑誌・書籍を中心に歴史・文化をテーマに硬軟自在の切り口で作家活動を展開。著書に『戦国武将の歴史地図』『日本史の迷宮』『「日本神話」の謎と真実』『鬼の棲む国 封印の日本史』(以上、青春出版社)、『戦国武将・闇に消されたミステリー』(PHP研究所)、『大語源』『「方言」なるほど雑学』『日本史の「なぜ？」がスッキリわかる本』(知的生き方文庫)、『日本史をつくった刀剣50』(KAWADE夢文庫)など多数ある。その他、歴史同好会「日本歴史楽会」を立ち上げ、『変わる日本史』『江戸ものしり用語辞典』『図解 千利休99の謎』『敗者から見た日本史』『日本史 最後の謎』(以上、宝島社)などを執筆する。

編　　集　　野口芳江（天夢人）・盛本隆彦
デザイン・DTP　　南 剛・竹村朋恵・中村美喜子
(中曽根デザイン)
校　　正　　中田健司

江戸時代 謎の事件の真相 歴史の闇に埋もれた陰謀

二〇二四年二月二十一日 初版第一刷発行

著 者 三浦 竜

発行人 山手章弘
発 行 株式会社天夢人
〒一〇一－〇〇五一 東京都千代田区神田神保町一丁目一〇五番地
https://www.temjin-g.co.jp/
発 売 株式会社山と溪谷社
〒一〇一－〇〇五一 東京都千代田区神田神保町一丁目一〇五番地
印刷・製本 株式会社シナノパブリッシングプレス

・内容に関するお問合せ先
天夢人 info@temjin-g.co.jp 電話〇三－六八三七－四六八〇
・乱丁・落丁に関するお問合せ先
山と溪谷社カスタマーセンター service@yamakei.co.jp
・書店・取次様からのご注文先
山と溪谷社受注センター 電話〇四八－四五八－三四五五 FAX〇四八－四二一－〇五一三
・書店・取次様からのご注文以外のお問合せ先 eigyo@yamakei.co.jp
・定価はカバーに表示してあります。

ISBN978-4-635-82553-5